世界500强CFO教你学管理会计系列丛书

30个情景案例+175张彩色图表+42个实战体会

人人都需要的 管理会计思维

实例+图解版

邹志英·著

机械工业出版社
CHINA MACHINE PRESS

本书以故事"富爸爸、穷爸爸的差异化思维"开篇，穿插了多个情景化示例和3D人物彩色图表，全景式地呈现了管理会计思维在职场和企业中的创新应用。其中，职场迷茫的丁丁运用管理会计思维成功经营职业生涯的案例、面对不同Offer做出最优决策并成功扭转个人命运的案例以及M集团（中国）通过打响管理会计"六大战役"成功扭转企业命运的案例，更是本书的亮点。

管理会计思维是商业社会的宝贵财富，它集合了七类成功人士的思维于一身，相当于人生的"七彩阳光"。有它相伴，你也能成为人生赢家。

图书在版编目（CIP）数据

人人都需要的管理会计思维 / 邹志英著. —北京：
机械工业出版社，2022.8
ISBN 978-7-111-71276-3

Ⅰ. ①人… Ⅱ. ①邹… Ⅲ. ①管理会计 – 通俗读物 Ⅳ. ① F234.3-49

中国版本图书馆CIP数据核字（2022）第133701号

机械工业出版社（北京市百万庄大街22号　邮政编码100037）
策划编辑：刘怡丹　　　　　　　　责任编辑：刘怡丹
责任校对：张亚楠　李　婷　　　　责任印制：李　昂
北京联兴盛业印刷股份有限公司印刷

2022年9月第1版第1次印刷
170mm×230mm · 21.5印张 · 3插页 · 243千字
标准书号：ISBN 978-7-111-71276-3
定价：99.00元

电话服务　　　　　　　　　　网络服务
客服电话：010-88361066　　　机　工　官　网：www.cmpbook.com
　　　　　010-88379833　　　机　工　官　博：weibo.com/cmp1952
　　　　　010-68326294　　　金　书　网：www.golden-book.com
封底无防伪标均为盗版　　　　机工教育服务网：www.cmpedu.com

我的美好愿望

对政府

通过阅读本书,我们可以充分认识到管理会计的作用,引导企业运用管理会计做好创新管理、提质增效和塑造品牌的工作,帮助更多企业"走出去",减轻政府压力和负担,实现实业兴邦的梦想,推动宏观经济的发展。

对企业

管理会计是企业的"中枢神经系统",是企业生死存亡的关键,我们应充分运用管理会计做出正确的商业判断,挖潜能、添活力、增效益、提质量,走"修身、兴企、报国"之路,造福社会。

对家庭

每个家庭都可以运用管理会计的思维和知识,走向健康的创富之路。

对个人

每个人都能活学活用管理会计的思维和知识,制订人生规划,经营职业生涯,把握职业机会,应对工作和生活中的选择难题,让自己的事业和生活精彩纷呈。

人人都需要管理会计思维,随着人工智能时代的到来,管理会计的创新应用将呈现三维应用场景,如图1所示。

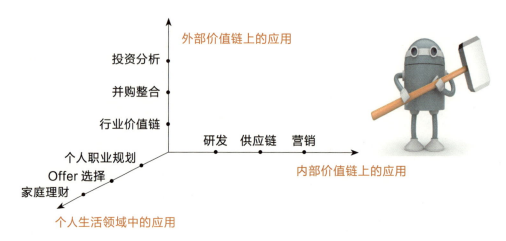

图1 管理会计的三维应用场景(© 邹志英)

管理会计无处不在,活学活用管理会计思维的关键是掌握它的底层逻辑。有它相伴其乐无穷,做事效率更高,令你成为人生赢家。

选择它,是时代对你的要求;翻开它,就是现在。

作者简介

邹志英

澳大利亚注册会计师，国际注册高级风险管理师
中国十大优秀CFO（首席财务官）
美国管理会计师协会（IMA）授予"美国管理会计形象大使"称号
国际战略财务管理实战专家
企业盈利管理专家、现金流管理专家

社会职务

- 美国管理会计师协会中国理事会副主席，前全球董事
- 美国汤森路透集团旗下《成本管理》杂志全球编辑顾问委员会成员
- 北京市朝阳区国际高端商务人才发展中心（CBTC）评审专家
- 中国教育部学位中心博士、硕士论文评审专家
- 机械工业出版社经管分社专家委员会委员
- 北京国家会计学院特聘教授
- 对外经贸大学国际商学院客座教授
- 中央财经大学会计学院客座教授
- 北京航空航天大学经管学院客座教授
- 中国企业财务管理协会商学院客座教授
- 清控紫荆教育客座教授

- 中国年度优秀 CFO 评委
- 美国 IMA 管理会计案例大赛决赛评委
- "金融界中国民营上市公司创富榜"特约观察员
- 全球青年领导力联盟（GYL）青年导师

主要荣誉

- 2022 年入围"当当第八届影响力作家"候选人名单
- 2019 年荣获"心光艺术财务管理大师奖"
- 2018 年荣获中央财经大学授予的"优秀学术奖"和"优秀实践奖"
- 2015 年荣获美国 IMA 授予的"亚太区会员特别贡献奖"
- 2013 年荣获"美国 IMA 中国区形象大使奖"（中国首位也是唯一一位获此殊荣的女性高管）
- 2012 年荣获财政部相关单位授予的"中国十大优秀 CFO"荣誉称号
- 2012 年荣获中国总会计师协会"第一届中国民营企业财务管理创新十佳案例"优秀案例奖
- 2011 年荣获中国总会计师协会授予的"中国财务战略管理专家"荣誉称号
- 2011 年荣获美国 IMA 和中央财经大学联合授予的"管理会计行动个人创新奖"

职业经历

- 2013 年至今，任北京国家会计学院特聘教授，北京志赢盛世管理咨询

有限公司（联合国全球契约组织成员单位，联合国指定采购服务供应商）创始人、董事长
- 2012年，任华胜天成股份公司集团执行副总裁兼香港ASL上市公司非执行董事
- 2009年至2012年，任腾创科技集团执行副总裁兼CFO（联想君联资本投资）
- 2006年至2009年，任德国默克制药中国区董事CFO
- 2005年至2006年，任美国布鲁克公司亚太区财务及供应链总监
- 1995年至2004年，在美国通用电气公司、英国盛世长城广告公司、美国凯创公司等世界500强和英美知名企业工作

企业咨询 / 高管培训

为近百家中外大中型企业（包括世界500强、中国500强、本土大中型上市公司）提供过管理咨询服务和企业中高级人才培养工程实战培训，咨询和授课满意度均达98%以上。管理实操水平不仅受到世界权威组织IFAC（国际会计公会）权威专家的高度评价，还得到了联合国原助理秘书长、联合国和平大学首任校长马丁·李斯先生的高度评价，称："邹志英女士具有独特的洞察力和智慧，将西方企业管理中科学严谨的理论和实战方法与中国传统文化和处世方式有机地结合在一起。"

在英、美、德、中资企业先后工作20多年，期间曾就职于著名跨国公司14年，担任过美国非营利组织全球董事（华人董事仅有两位），上市集团企业董事、执行副总裁及CFO，上市公司独立董事和审计委员会委员。成功运用战略管理、管理会计方法论和独创的"珍珠链"预算管理体系，使濒临资金崩盘的企业在短期内起死回生，3年内销售收入增长36

倍，从 4000 万元增至 15 亿元。

20 多年来致力于用"工匠精神"做事，用创新管理思想和方法论推动企业管理转型，帮助企业做大做强，走向国际化。

推动了 14 次并购整合、128 轮融资谈判，领导过 83 个项目管理，为不同企业设计营利模式和经营管理运营架构，打造了具有"战斗精神"的无敌军团。

近年来，将自己过往 20 多年的实战经历开发成 40 门深受欢迎的实战课程，在全国各地巡回授课、演讲，并多次为职业经理人解惑，传授职场实战成功宝典，成功助力几百位企业管理者打造精彩的职业生涯。

―――――― 专著 / 专访 ――――――

■ 2022 年出版著作《人人都需要的管理会计思维》（机械工业出版社）。

■ 2022 年出版著作《玩转全面预算魔方（实例＋图解版）》（第 2 版）（机械工业出版社），上市第一天，就名列京东"新书热卖榜"第 1 名。

■ 2021 年出版著作《漫话管理会计是什么》（机械工业出版社）。上市第一天，就名列京东"新书热卖榜"第 1 名，当当"新书热卖榜"第 4 名。

■ 2018 年出版著作《英眼视界：直击企业痛点》（清华大学出版社），被评为"2018 年中国十大经管好书""十本优秀管理者必读书籍""十本精选商务人士进修管理好书"。

■ 2015 年题为《行走在有温度的财务旅途中——访北京志赢盛世管理咨询有限公司董事长邹志英》的独家专访，被收录在"求是先锋：领导干部全面深化改革的理论与实践"丛书和"中国新时代创业经典"丛书中。

■ 2014 年出版著作《玩转全面预算魔方（实例＋图解版）》（机械工业出版社），被权威媒体之一——中国会计网评为"财务人一生必读的八本书籍"，连续八年名列京东财务管理热卖榜、经济管理热卖榜和预算管理热卖榜的前十名，被京东读者评为"中国优秀财务管理者必读的十大实用好书""中国十本精选经济管理好书"。
- 在中国及美国知名媒体上发表了80余篇实战管理、财务管理和管理会计类文章。

视频课程

- 6集视频《看财务管理如何改变企业命运》在喜马拉雅、清华文泉课堂推出。
- 3集视频《战略财务：企业起死回生之秘诀》在清华文泉课堂推出。
- 6集视频《2021年企业现金流必备管理课》在《中国经营报》触角学院推出。

志英独创四大理论

理论一："珍珠链"预算管理体系

战略决定企业生存，执行创造利润，"珍珠链"预算管理体系可以解决企业头痛医头、脚痛医脚的问题，助力企业打造"战略—业务—财务—人力"四位一体、融合发展的管理闭环体系，做到管不死、放不乱，确保事事有目标、事事有承诺、事事不推诿、事事有考核、事事有人盯、事事有成效，是实现企业战略有效落地的最佳方法论之一。

理论二：六种"动物论"

将管理者的角色比喻成六种动物，帮助管理者突破被禁锢的思维模式,学会在复杂多变的环境下,做好角色转换,实现职场生涯的华丽转身。

理论三:管理会计"三镜合一"

财务会计的作用相当于"照相机",管理会计的作用相当于"放大镜、望远镜和显微镜"。管理会计"三镜合一"的意义,在于帮助管理者娴熟地运用管理会计这门科学及时查漏补缺,杜绝跑冒滴漏,从根源上提升企业核心竞争力,让管理会计成为企业管理的通用语言。

理论四:"蚂蚁理论"

粗放管理带来的弊端是战略盲目、业务莽撞、管控忙乱、人才茫然,结果就是企业绕不开"长不大""活不久"的陷阱。"蚂蚁理论"可以帮助企业运用大数据,做好"五精建设",即精准定位、精准营销、精细作业、精准管理和精准决策,提高效率,提质增效塑品牌,让企业真正行走在可持续的健康发展道路上。

欲知作者更多实战管理经验与技巧,可通过以下方式。欢迎交流和分享。

1. 微　　　信:
2. 网　　　站:www.bjzyss.com
3. 电子邮件:czou2008@126.com

推荐序
用管理会计思维武装自己的大脑

法国作家巴尔扎克有句名言,"一个能思考的人,才真是一个力量无边的人!"因为思考可以获得智慧,智慧等于力量,有力量才更容易成功。很多人认为投资只是有钱人玩的资本游戏,与自己"一毛钱"的关系都没有。殊不知,世界上每一个富豪的诞生都与投资有关。投资并不是单纯地把钱投出去,坐等回报,而是要有投资的智慧和科学的思维模式。投资回报是智慧和科学思维的物化形式!

遗憾的是,喜欢并且能够深度思考的人着实不多。在现实中,人的大脑经常会做三件错事:随意说话、随意下结论和随意决策。如果遇到钱财问题还这样随便,那会吃亏的。因此,人人都需要管理会计思维。企业要赚钱就离不开管理会计思维;决策者要使自己的决策科学和切合实际,也离不开管理会计思维。由此可见,"小会计"可以解决"大问题",从国家治理到企业或行政事业单位的管理,会计都能在其中实现按市场原则分配资源的功能。经验和逻辑反复证明:管理会计是发展个人职业、创造组织价值、增加社会财富的有力工具。

未来,中国将成为世界第一大经济体,但世界第一大经济体并不等于世界第一经济强国。要想成为经济强国，必须要有世界一流的企业集群做支撑。而世界一流的企业集群，又必须成功地应用世界一流的管理会计。我国管理会计发展潜力巨大，这为实现个人、组织和国家的发展目标提供了新的机会和手段。

2020年年初，新冠肺炎疫情的暴发，让众多企业进入了寒冬，有相当数量的企业束手无策，但有的企业却逆势飞扬。从中，我们见证管理会计的缺失和用场，体悟到管理会计思维的重要性。

我以为中国管理会计将迎来第四次浪潮。第一次浪潮发生在20世纪50年代至60年代，国有企业开始运营，主要特点是引进和创新苏联的经济核算，代表性成果是"班组核算""厂内银行"和流动资金分析。第二次浪潮发生在20世纪80年代至21世纪初，国有企业股份化、集团化，民营企业崛起，主要特点是在扬弃苏联经验的同时引进和创新美国管理会计，代表性成果是"邯钢经验"全面预算管理和EVA绩效评价。第三次浪潮发生在21世纪初至今，我国社会主义市场经济体制已经初步建成，主要特点是政府直接介入，在总结我国管理会计经验的基础上，推动管理会计体系的建设，代表性成果是财政部发布与实施管理会计基本指引和应用指引、建设管理会计案例库以及其他主管部门和大型企业总结自身管理会计应用的成果，将管理会计全面推广到企事业单位和政府机构。我们所期待的第四次浪潮就是借助第三次浪潮的汹涌气势来"引爆"管理会计在宏观的经济管理部门与微观的各类组织创造价值的潜能和威力。有证据表明，这是可能的。比如某市财政局实施绩效预算，当年节约资金60多亿元；某集团公司实行成本管理，连续3年，每年降低成本300亿元以上，压缩投资超过2000亿元。老实说，这样的案例并不少，但相对整体而言，比重并不大，而且有很多像债务或信息造假"暴雷"企业不是创造而是破坏组织价值的案例也不少见，特别是我们渴望看到但尚未看到管理会计价值创造力在千千万万中小企业爆发的场景。尚未如愿，其原因是多方面的，疫情是首要的，其他方面也很多，但最重要的还是欠缺管理会计思维。

所谓管理会计思维，就是如何利用管理会计创造组织价值的思考问题的方式。我曾预测管理会计的发展会呈现出七种趋势：业财融合、技财融合、中西融合、数据化、行业化、国际化和宏观化，意图也是讨论管理会计思维。老实承认，这种叙事方法似乎跟"地气"还没接上。再看看已有的管理会计案例，其中相当数量的都存在着"不接地气"问题：偏好整个企业，喜好宏大叙事，宣扬自身经验，而且最明显的是回避问题以及解决问题的决策、数据、逻辑和效果。但令人高兴的是机械工业出版社与邹志英女士携手推出国内第一套管理会计实战丛书——世界500强CFO教你学管理会计系列丛书。丛书通过案例的形式解读基于中国情景下运营的企业在解决面临的经营问题时而形成的具有中国特色的管理会计思想和方法，揭示管理会计的精髓和底层逻辑，以弥补我国管理会计及其案例"不接地气"的问题，这对应用和普及管理会计、"引爆"管理会计价值创造的潜在威力具有重大意义。

同时，这套丛书是邹女士多年来在诸多企业中实施管理会计经验的总结和条理化，特别是以故事性、图解化的方式演绎CFO在职场中应用管理会计的真实案例，"团结、紧张、严肃、活泼"，直达读者心灵深处，让读者有意无意间学到管理会计知识，并将理论与实操融会贯通。

《人人都需要的管理会计思维》一书以作者提出的"管理会计的三维

应用场景"为主线，看点颇多，特划重点如下：

一、从职业发展角度出发，直击个人职业痛点

本书以故事"富爸爸、穷爸爸的差异化思维"开篇，用特别有趣的方式呈现了管理会计思维在职场中的创新应用方法与技巧，用作者独创的"珍珠链预算管理体系"和"决策尺"模型，帮助职业迷茫的丁丁选好职业赛道、设计职业晋升路径以及选择最优 Offer。本书还阐述了用管理会计"本量利"思维做决策的独特魅力，可以帮助众多职场人士和大学毕业生形成科学有效的决策思维，轻松应对工作和生活中的各种选择难题，让管理会计实践变得更加有趣、高效且成功。

二、从企业业绩和需求角度出发，直击企业经营痛点

管理会计落地难一直都是国内企事业单位的痛点和难点。作者邹志英女士根据自己 20 多年的实践经验，介绍了国内外三家知名企业的管理会计实践案例，尤其是以她所供职的德资制药集团为案例背景，通过打响管理会计"六大战役"成功扭转企业命运。精心呈现出的一套"土洋结合"的管理会计实操方法更是看点中的亮点，诠释了用好管理会计如何为企业挖潜能、添活力、增效益和提质量。

三、从实际问题角度出发，更加注重实操落地

本书中的案例紧扣时代脉搏，场景更加贴合企业和个人实际情况，内容也更加丰富翔实。随书附赠的《行动日志》7 天体验版是本书的一大亮点，它将读者带入沉浸式体验中，激发并引导读者主动将书中的实操方法、工具模板与实际工作有效结合，让知识即刻落地。

最后，我由衷地希望《人人都需要的管理会计思维》一书能够让更多的读者领略管理会计思维的独特魅力，助力读者拥有管理会计思维，成为事业和人生的赢家。

于增彪

清华大学经济管理学院教授

财政部管理会计咨询专家

中国成本研究会副会长

前言

30个经典案例，娓娓诉说管理会计思维的无穷魅力

观念决定贫富，思维改变命运。我写这本书的初衷是希望管理会计思维能够变成一股真正驱动社会进步、企业进步及个人幸福的正向力量，让管理会计规则不仅成为企业的常识和文化，还能走进更多个人的生活和工作中。

相信以下这些情景，你一定不陌生：

1. 面对职场竞争压力，你有清晰的人生目标吗？
2. 面对职业迷茫，你有一套完整且可落地实操的职业生涯规划吗？
3. 面对生活和工作中的选择难题，你有清晰的决策标准吗？
4. 面对不同的Offer选择，你有成熟的判断方法吗？
5. 曾经如日中天的企业突然就出事了，你是否清楚其走下神坛的原因？
6. 面对疫情，很多企业面临销量下滑、盈利下降、现金流紧缺、竞争力不足、管理失衡……企业究竟应该如何破局？
7. 很多大中型企业不转型是在"等死"，转型是在"找死"，企业究竟应该何去何从？

……

每当你遇到与个人职业规划、职业机会选择以及企业商业模式设计、营利模式规划、经营管理等相关难题和困惑时，不要苦恼，更不要害怕，我希望你可以尝试运用管理会计思维解决眼前的痛点。管理会计思维是商业社会最宝贵的财富之一，集七类成功人士的思维于一身，相当于人生的"七彩阳光"。有它相伴，你也能成为人生赢家。

我想借着这本书告诉你的是，管理会计思维是世界上最先进的思维模式之一，而且学习它并不难。你会发现，一旦掌握了它的底层逻辑，就可以系统性地提高分析问题、解决问题、制订规划、应对风险以及做出决策的能力，而这些能力都是个人立足社会最基本的生存和竞争能力。

遗憾的是，市面上大多数管理会计方面的书还停留在相关理论或概念层面，缺乏鲜活的实践案例。前几年，在我受邀就任美国注册管理会计师协会（IMA）全球董事期间，每次去美国开董事会时，董事们都会不约而同地提到"中国管理会计的实践案例实在是太少了"。

因此，我立志把我过去28年的管理会计实践经历写出来，希望让更多的人意识到管理会计思维有着与众不同的魅力，掌握它在职场和企业中的创新应用方式与方法，可以练就直击本质的思考力，实现人生跃迁。

本书主要内容

本书一共分为四个部分，六章，融入诸多情景示例、实战体会以及百余张工具模板和彩色图表。全书内容重点围绕以下几点展开：

- 管理会计思维能为个人经营职业生涯、决策最优 Offer 提供哪些特别的帮助。
- 为什么说管理会计的魅力不亚于经济学。

- 管理会计如何做到活学活用？如何用它为个人解决不会做决策、不会做规划、不会应对风险、不会解决问题等痛点。
- 管理会计如何在企业中成功落地？如何用它为企业除痛点、添活力、挖潜能、增效益以及从根源上提升核心竞争力。
- 如何用管理会计推动企业数字化转型和管理变革。
- 管理会计都有哪些实用、好用的模型和工具。

本书主要特点

本书浓缩了我个人28年来的最佳实践、经验教训及研究心得，所有示例均来自一线实战。全书没有任何晦涩难懂的专业词语，而是以实用性为准绳，以可读性为导向，使读者循序渐进地领略管理会计"七彩阳光"思维的独特魅力。

本书也是一本人人看得懂、人人用得上的实用管理工具书，可让读者7天轻松掌握实用的管理会计思维。它既可以让初学者轻松起步，又能让熟练者精准地提高实战应用水平。有它在手，读者可以自信地漫步于职场。

本书读者人群

1. 企业家

不懂管理会计的企业家不能成为真正的经营者。

管理会计是一门为企业赚钱的管理科学。本书可以让企业家意识到学习和应用管理会计思维的必要性。企业家只有重视并应用它，才能真正享受到它带给企业的投资回报。

2. 企事业单位不同层级、不同部门的管理者

管理会计是企业生死存亡的关键,决策能力是衡量企业管理者是否合格的关键能力。

本书可以让管理者学习、掌握管理会计思维的底层逻辑,充分运用它来做出正确的商业判断,挖潜能、添活力、增效益、提质量,走"修身、兴企、报国"之路,造福社会。

3. 创业者

创业很容易失败。

本书可以帮助创业者学习、掌握并应用管理会计思维,从而避免企业跌入死亡陷阱,提升创业成功的机会,引领企业做大做强。

4. 财务、会计从业者

财务、会计从业者要想提升地位和话语权,必须学会"跳出财务看财务",做好业财融合,为企业创造价值。

本书将助力财务、会计从业者学习、掌握和应用管理会计思维,拆掉传统会计人员思维里的围墙,提升创新能力、决策能力和系统分析能力,学会用管理会计思维赋能企业的战略、业务和管理,从而成为企业价值的创造者及职场的幸运儿。

5. 投资人

投资是有风险的,不是所有投资都会取得成功。

本书可以帮助投资人学习、掌握并运用管理会计思维,做出明智的投资判断,提升投资成功概率,帮助投资人轻松辅导被投资企业提升数字化

经营管理能力，并走向成功。

6. 人力资源从业者

本书可以帮助人力资源从业者学习、掌握并应用管理会计思维，做好人力资源管理规划布局工作，帮助企业员工经营职业生涯规划，做好接班人培养计划，通过人才的高效管理和合理配置提升企业的生产经营效率。

7. 销售及市场营销从业者

本书可以帮助销售及市场营销从业者学习、掌握管理会计思维，学会从财务和管理视角看经营，捕捉市场机会，从而提升风险管理能力、决策能力、业财融合能力和掌控全局能力。

8. 职场小白

本书可以帮助职场小白建立结构化思维，提升系统分析能力，学会用管理会计思维思考人生规划、职业规划、职业机会选择，充满信心地迎接职场挑战。

9. 求职应聘者

本书可以帮助求职应聘者权衡工作机会的收益、价值和风险，学会用管理会计思维抓住关键要素，剔除不利因素的干扰，运用数字化工具做出明智决策，让个人成为优秀的决策者，轻松面对工作和生活中的选择难题。

10. 职场彷徨人士

本书可以为职场彷徨人士在黑暗中点亮一盏灯，认清个人的职业兴趣和竞争优劣势,学会用管理会计思维经营职业生涯,做出明智的职业选择。

11. 普通社会大众

本书可以帮助普通社会大众克服认知障碍和思维盲点,学会用管理会计思维制订人生规划、经营职业生涯、选择职业机会、应对工作和生活中的选择难题,让自己的事业和生活精彩纷呈。

目　录
Contents

我的美好愿望
作者简介
推　荐　序
前　　言

第一部分　基础概念

第1章　管理会计思维决定人生的上限

第一节　管理会计思维是最先进的思维模式之一　　　　008
　　一、一张图秀出什么是管理会计思维　　　　　　　　008
　　二、管理会计"七彩阳光"思维应用案例　　　　　　014

第二节　练就管理会计思维，江湖任你行　　　　　　　028
　　一、人人都需要管理会计思维的四大理由　　　　　　028
　　二、拥有管理会计思维的人将成为人生赢家　　　　　037

第三节　管理会计思维无处不在　　　　　　　　　　　038

第二部分　职场应用

第2章　情景剧场：人生如意，少不了"设计"

第一节　房贷压力+升职渺茫，丁丁何去何从　　　　　050
　　一、案例背景　　　　　　　　　　　　　　　　　　050
　　二、由案例引发的三大疑问　　　　　　　　　　　　052

第二节　为丁丁破局的方式　　053
一、探索真相的思路　　053
二、探索真相的武器　　053

第三节　"一页纸"揭开"谜团"　　055
一、"一页纸"揭秘丁丁职业困局的真相　　055
二、为丁丁提供"脱困"建议：制订职业生涯规划　　057

第四节　"珍珠链9步走"，成功绘制职业生涯蓝图　　059
一、用"珍珠链9步走"形成职业生涯一盘棋　　059
二、丁丁职业生涯规划的具体实操步骤　　060

第五节　用管理会计做职业规划的实践特点　　080
一、用管理会计做职业规划对比常规职业规划　　080
二、管理会计在职业规划中的七大核心作用　　081

第3章　情景剧场：决策正确，才能遇见更好的自己

第一节　面对三个 Offer，丁丁该如何选择　　089
一、案例背景　　089
二、案例问题测试　　093
三、由案例引发的三大疑问　　093

第二节　丁丁为何会陷入"选择困难症"　　094

第三节　自制武器，为选 Offer 做足准备　　097
一、寻找破局秘方　　097
二、自制秘密武器　　097

第四节　用"六步法"帮丁丁选择 Offer　　106

第三部分　企业实践

第 4 章　情景剧场：打响"攻坚战"，赋能业务增长和管理转型

第一节　管理会计为 M 集团（中国）创造了四种效益 ... 129

第二节　M 集团（中国）案例背景 ... 130
　一、案例背景 ... 130
　二、由案例引发的两大疑问 ... 135

第三节　用管理会计为 M 集团（中国）破局 ... 136
　一、破局建议：打响管理会计"攻坚战" ... 136
　二、实施管理会计遭遇的三大尴尬事 ... 136
　三、成功实施管理会计需运用"三大策略" ... 138

第四节　打响管理会计"攻坚战" ... 141
　一、制订管理会计"攻坚战"作战地图 ... 142
　二、战役一：确立"管理会计目标"，以远见赢未来 ... 142
　三、战役二：打造"经营预警机制"，实现"由银到金"的转变 ... 146
　四、战役三：以"战略型全面预算"驱动全员奔跑 ... 150
　五、战役四：树立"五项军规"，构筑风险防线 ... 155
　六、战役五：实行"集中采购模式"，驱动盈利增长 ... 162
　七、战役六：推行"共享服务"，驱动管理转型 ... 170
　八、管理会计在 M 集团（中国）发挥的四大作用 ... 173

第五节　M 集团（中国）管理会计实践的五大特色 ... 175

第 5 章　情景剧场：中化集团和日航的管理会计实践

第一节　中化集团用管理会计驱动企业进步 ... 182
　一、从一句名言谈起 ... 182

二、中化集团案例背景　　　　　　　　　　　　182

　　三、中化集团管理会计的三项实践行动　　　　　183

　　四、中化集团管理会计的实践成果　　　　　　　185

第二节　稻盛和夫用管理会计挽救日航的奇迹　　　　**185**

　　一、从稻盛和夫挽救日航一事谈起　　　　　　　186

　　二、日航案例背景介绍　　　　　　　　　　　　186

　　三、实施管理会计前，日航存在的问题　　　　　187

　　四、挽救日航的两大秘诀　　　　　　　　　　　192

　　五、挽救日航的具体措施　　　　　　　　　　　194

　　六、实施管理会计后，日航的变化　　　　　　　200

第四部分　工具方法

第6章　管理会计实用工具及应用案例

第一节　一张图秀出管理会计的十大实用工具　　　　208

第二节　实用工具及应用案例（一）：战略地图　　　209

　　一、战略地图的长相　　　　　　　　　　　　　209

　　二、战略地图简介　　　　　　　　　　　　　　212

　　三、战略地图的使用方法　　　　　　　　　　　213

　　四、战略地图的适用范围　　　　　　　　　　　214

　　五、战略地图的特点　　　　　　　　　　　　　214

　　六、战略地图的应用案例　　　　　　　　　　　214

第三节　实用工具及应用案例（二）：PEST 模型　　215

　　一、PEST 模型的长相　　　　　　　　　　　　　215

　　二、PEST 模型简介　　　　　　　　　　　　　　216

三、PEST 模型的关键要点 217

四、PEST 模型的五大应用领域 220

五、PEST 模型的三大特点 220

六、PEST 模型的应用案例 221

第四节　实用工具及应用案例（三）：SWOT 模型 222

一、SWOT 模型的长相 222

二、SWOT 模型简介 223

三、SWOT 模型的使用方法 225

四、SWOT 模型的七大应用领域 226

五、SWOT 模型的五大特点 226

六、SWOT 模型的应用案例 227

第五节　实用工具及应用案例（四）：本量利模型和盈亏平衡点 228

一、本量利模型的长相 228

二、本量利模型简介 229

三、本量利模型的五种计算公式 230

四、本量利模型的五大好处 233

五、本量利模型的分析方法 234

六、本量利模型的应用案例 237

附　录

附录 A　志英管理会计 42 个实战体会 240

附录 B　新理念、新方法、新模型简介 251

致　谢 269

思维导图
内容概要

问题
思考

第一部分
基础概念

志英
观点

你有答案了吗？邀请你继续阅读

第 1 章

管理会计思维决定人生的上限

第1章 管理会计思维决定人生的上限

第1章 思维导图

- 精彩导读：思维模式决定命运

- **第一节 管理会计思维是最先进的思维模式之一**
  - 一、一张图秀出什么是管理会计思维
    1. 财务思维：像财务专家一样思考
    2. 管理思维：像高级管理者一样思考
    3. 财富思维：像投资人一样思考
    4. 破案思维：像侦探一样思考
    5. 数据思维：像统计学家一样思考
    6. 创新思维：像艺术家一样思考
    7. 联想思维：像经济学家一样思考
  - 二、管理会计"七彩阳光"思维应用案例
    1. "财务思维"应用案例
    2. "管理思维"应用案例
    3. "财富思维"应用案例
    4. "破案思维"应用案例
    5. "数据思维"应用案例
    6. "创新思维"应用案例
    7. "联想思维"应用案例

- **第二节 练就管理会计思维，江湖任你行**
  - 一、人人都需要管理会计思维的四大理由
    - 理由一：做一个会决策的人，而非拍脑袋做决策
    - 理由二：做一个会规划的人，不打无准备之仗
    - 理由三：做一个会分析问题、解决问题的人，勿让问题升级
    - 理由四：做一个会控制风险的人，不立于危墙之下
  - 二、拥有管理会计思维的人将成为人生赢家
    1. 拥有"会计"或"财务"思维的政商界名人
    2. 商业精英用管理会计思维指挥千军万马

- **第三节 管理会计思维无处不在**

第1章 管理会计思维决定人生的上限

内容概要

因为人人都面临着挣钱、花钱和省钱，人人都面临着做决策、解决问题、应对风险以及制订计划，所以人人都需要管理会计思维。

本章以故事**"富爸爸、穷爸爸的差异化思维"**开篇，穿插了八大情景示例和30张彩色图表，用**"是什么－为什么－做什么"**的逻辑介绍了"会计"出身的政界和商界名人，阐述了管理会计思维是商业社会中最宝贵的财富之一。它集七类成功人士的思维于一身，相当于人生的"七彩阳光"，将它应用在企业管理以及个人的工作和生活中，既可以帮助企业提质增效塑品牌，又可以助力个人成为人生赢家。

人人都需要的管理会计思维

志英观点　人人都需要做决策、订计划、解决问题和应对风险，所以人人都需要管理会计思维。它是以"收益最大化"为核心，充分发挥分析、评价、预测、规划、决策和控制六大作用，帮助个人成为会决策、懂计划、善于解决问题和应对风险的人。

精彩导读

思维模式决定命运

成功者与平庸者的最大差距体现在哪里？是穷人与富人的差距，还是职位高低的差距？

成功者与平庸者差距的根源在于两者不同的思维模式。正如伟大的科学家爱因斯坦所说："人们解决世界上的问题，靠的是大脑思维和智慧。"可见，解决问题、脱离困境的最好武器是大脑，决胜的关键在于是否拥有先进的思维方式，如图 1-1 所示。

图 1-1　成功者与平庸者的特征

以下案例将介绍思维模式与个人命运的紧密关联。

示例 1-1　向左穷爸爸，向右富爸爸，你怎么选

《富爸爸穷爸爸》一书的作者罗伯特·清崎有"两个爸爸"：

穷爸爸聪明博学，有着博士学位，是一个高学历的教育官员，然而却长年陷于家庭财务困境。

富爸爸连八年级都没有念完，却给家人、慈善机构和教堂留下了大笔财富，他也是夏威夷最富有的人之一。

两个爸爸都是事业有成且极富魅力的人，他们都是有责任感和有智慧的人，终其一生都在为家庭和财富而奋斗。然而，他们对于财富的不同理解导致他们一个时时为账单发愁，另一个却是财富不断攀升，如图 1-2 所示。

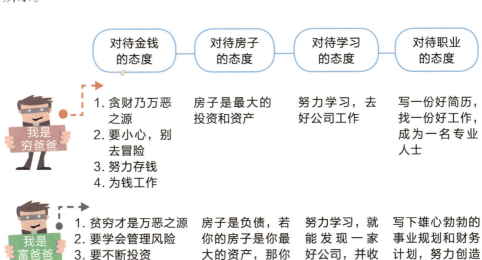

图 1-2　穷爸爸和富爸爸对待同一件事情的不同看法

思维模式与个人命运紧密关联。稻盛和夫先生将人生的成功归纳成方程式：人生的结果＝能力 × 热情 × 思维方式。"思维方式"（即思维模式）比"能力"与"热情"更重要，不同的思维模式将会造成贫穷与富有、平庸与成功之间的巨大差异！

提问

1. 穷爸爸和富爸爸的本质区别究竟在哪里？

2. 往左是穷爸爸，往右是富爸爸，你选择向左走还是向右走？为什么？

第一节　管理会计思维是最先进的思维模式之一

一、一张图秀出什么是管理会计思维

管理会计思维的本质是计量，它会以"收益最大化"和"价值创造"为核心，以实现目标和解决问题为使命，透过数据洞察问题的本质和管理的真相，帮助个人和组织分析、规划及决策如何赚钱，如何控制风险，如

何预测经济前景以及如何管理与配置资源。管理会计思维具有普适性。

管理会计思维是商业社会最宝贵的财富之一,它集合了七类成功人士的思维于一身,相当于人生的"七彩阳光",是世界上最先进的思维模式之一,如图1-3所示。

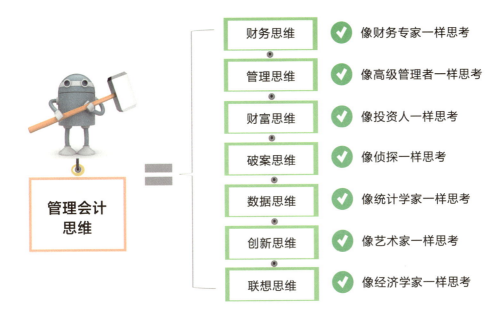

图1-3 管理会计思维的特点(© 邹志英)

以下具体阐述管理会计的"七彩阳光"思维。

1. 财务思维:像财务专家一样思考

拥有财务思维的人会密切关注"本、量、利"。比如,收入的升降、利润的增减、现金流的充裕程度、资产质量的高低及负债的控制情况,如图1-4所示。

"财务思维"是管理会计思维的核心,其他思维都是围绕它展开的。

图 1-4 管理会计思维之"财务思维"

2. 管理思维：像高级管理者一样思考

诺贝尔奖获得者赫伯特·西蒙教授提出"管理就是决策"。企业高管关注的是如何制订计划、如何解决问题、如何增加效益以及如何制定决策。拥有"管理思维"的人，会像企业高级管理者一样订计划、配资源、控风险和提士气，将决策贯穿于管理工作的全过程，如图 1-5 所示。

图 1-5 管理会计思维之"管理思维"

3. 财富思维：像投资人一样思考

投资人关注投资回报率和财富最大化。拥有"财富思维"的人，会像投资人一样"以收益最大化"为核心做出明智的商业判断,如图 1-6 所示。

图 1-6　管理会计思维之"财富思维"

拥有"财富思维"的人,在面对不同选择时,会从"投资回报"的视角看问题和做决策。

4. 破案思维:像侦探一样思考

侦探对待案件会追根溯源,从蛛丝马迹中寻找答案。拥有"破案思维"的人在遇到复杂问题时,会像侦探破案一样深度思考问题的起点和终点,有着挖地三尺也要找出问题真相的决心,如图 1-7 所示。

图 1-7　管理会计思维之"破案思维"

"破案思维"的显著特点是在追根溯源的过程中始终坚持"五不放过",如图1-8所示。

图1-8 "五不放过"的内容

5. 数据思维:像统计学家一样思考

一切皆可数据化,统计学家善于利用数据捕捉不确定性,推算概率。当今世界正在步入信息爆炸的大数据时代,拥有"数据思维"的人会像统计学家一样,挖掘和预测数据的价值,用数据来思考问题、解释现象、评价事物、预测经济前景并提出数字化解决方案,如图1-9所示。

6. 创新思维:像艺术家一样思考

艺术家善于运用"创新思维"进行艺术创作。"创新思维"的显著特

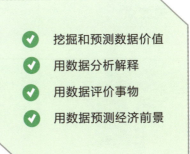

图 1-9　管理会计思维之"数据思维"

点是突破常规思维的界限,以超常规甚至反常规的方法与视角去思考问题,提出与众不同的解决方案,从而产生新颖、独到和有社会意义的思维成果。拥有"创新思维"的人会像艺术家一样,以新颖独创的方法解决问题并取得独特的成果,如图 1-10 所示。

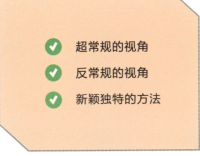

图 1-10　管理会计思维之"创新思维"

7. 联想思维:像经济学家一样思考

经济学家关注机会成本和边际成本,善于运用"联想思维"来思考问题。拥有"联想思维"的人会像经济学家一样,善于发现原本没有联系的两个事物或现象之间的联系,关注机会成本和边际成本,如图 1-11 所示。

图1-11 管理会计思维之"联想思维"

二、管理会计"七彩阳光"思维应用案例

1."财务思维"应用案例

谁能拥有优秀的决策能力,谁就拥有撬动世界的杠杆。

在工作和生活中,用"财务思维"做决策可以很好地帮助个人形成决策思维,提升决策能力。

世界500强企业的中层管理者每天要处理80~150封电子邮件,高层管理者每天要处理200~300封电子邮件。在这么高强度的工作中,管理者还要应对各种不同的决策场景。有趣的是,不论管理者是否有财务专业背景,在做决策前都会不约而同地使用"财务思维"来梳理思路,从而做出高效且科学的决策。

示例1-2 世界500强企业高管使用"财务思维"做决策

M集团是一家全球著名的制药企业,以精细化管理著称。

为了提升决策效率,管理者在做决策时会从"财务视角"洞察经营和管理的本质,并做出科学且高效的决策。决策要素包括回报、付出和风险，如表 1-1 所示。

表 1-1 世界 500 强企业高管使用"财务思维"做决策

序号	关注要素	要素解释	问题
1	回报	是指收入、利润、现金、投入产出比、资本回报率等有形收益，以及名誉、升职、学习与成长等无形资产等	做这件事情会给我带来多少回报？
2	付出	是指成本、费用、时间、人员数量和操作步骤	做这件事情，我需要付出多少时间、金钱和人力？
3	风险	是指损失，包括有形和无形的损失	做这件事情会有多大风险？我有没有能力控制风险，如果控制不好，预计会给我造成多大的损失？我是否有能力承受这种损失？

2."管理思维"应用案例

在工作和生活中，将"管理思维"应用于管理自己、管理他人、管理钱财与管理事务中，可以不断提升自己的管理能力与水平，从而成为一个真正有价值的人。

以 E 公司的员工小王为例。

示例 1-3　E 公司员工的"升职经"

小王在 E 公司工作了 8 年，从普通的财务小兵顺利成长为一名优秀的财务总监，同事都认为他的职场晋升犹如坐火箭一般。

小王的职场"升职经"很有特色，即"用发现价值的眼光来管理自己的本职工作"，如图 1-12 所示。

公司请你工作的目的	用"管理思维"思考工作
1. 请你来解决问题,不是制造问题 2. 如果你不能发现问题或解决问题,你就会成为一个问题 3. 你能解决多大的问题,就能拥有多高的职位 4. 你能解决多少问题,就能拿多少薪水 公司会让解决问题的人高升,让制造问题的人让位,让抱怨问题的人下课	1. 公司的问题:解决它,是你得到职场晋升的开始 2. 客户的问题:解决它,是你提供服务的开始 3. 自己的问题:解决它,是你走向成熟的开始 4. 同事的问题:解决它,是你跟同事友好相处的开始 5. 领导的问题:解决它,是你获得领导信任的开始 6. 竞争对手的问题:解决它,是你变强的开始 问题就是你的机会

图1-12 用"管理思维"来思考工作价值和问题本质

3."财富思维"应用案例

投资回报率是衡量一家公司经营水平的指标,让我们看看拥有"财富思维"的人是如何处理投资问题的。

示例1-4 "三国"服装厂的投资回报率高不高

娜娜投资1亿元开办了一家"三国"服装厂,2018年的销售收入为1000万元,利润率是20%,赚了200万元,即服装厂的投资回报率为2%。

20%的利润率乍一看还可以，但是投资回报率却只有2%。如果用"财富思维"做分析，对于投资人娜娜而言，她用相同金额的钱去买理财产品，投资回报率肯定比投资"三国"服装厂更高。

4. "破案思维"应用案例

很多人会不假思索地认为企业销售收入下降一定是销售部门不给力造成的，但真相如何呢？让我们运用"侦探思维"为A公司做一个分析，看看"凶手"是谁。

示例1-5　销售收入下降原来是"它们"惹的祸

案例背景：

A公司是一家医疗仪器制造企业，其第三季度销售收入与上一季度对比下降了15%。

在跨部门例会上，各个部门把销售收入下降的责任归咎于销售部门不给力，于是例会变成了一场"口水战"。

案例解析：

管理会计部门经过仔细分析，找出了销售下降的真正原因，原来是"它们"协同作案惹的祸，如图1-13所示。

图1-13也称为鱼骨图，从中可以看出A公司销售收入下降与以下三大要素有关。

要素一：产品问题

A公司的产品技术升级不及时造成客户满意度下降，从而导致销售订单减少。

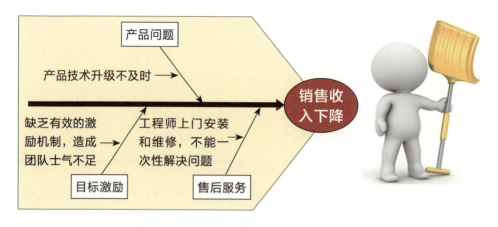

图1-13 用鱼骨图分析公司销售收入下降的真正原因

要素二：售后服务

A公司的工程师为客户提供上门安装服务，准备工作不到位，导致医疗仪器安装不能一步到位，需要重复上门，客户非常不满，于是取消了订单。

要素三：目标激励

A公司为销售团队制定的目标激励机制不合理，极大地影响了团队的士气，员工存在"干多干少都一样"的消极怠工心理，从而导致销售收入下降。

在找到真正的原因后，管理会计部门提出了进一步的改善建议，如图1-14所示。

"破案思维"的好处是它分析问题和解决问题的逻辑与传统的逻辑思维模式不一样，如图1-15所示。用它分析问题时，会把各种可能性纳入思考框架中，基于充分的信息和数据分析进行结构化解析，制订最优解决方案，以终为始再度验证当初的判断和方法是否正确。而传统的思维模式只会把重点放在解决方案的制订上，很少关注问题背后的原因，会导致问题定义不清楚而做出错误的决策。

① 进行产品技术创新,将其纳入月度考核表,责任部门为产品部门

② 为工程师提供职业化的"安装服务培训",责任部门为售后部门

③ 将"一次性上门安装满意率"纳入售后工程师月度考核表,将其与工程师的基本工资和奖金挂钩,责任部门为售后部门

④ 为销售团队重新制订激励方案,体现"奖优罚劣、奖勤罚懒"的原则,责任部门为人力资源部门

图1-14 管理会计部门提出四大改善建议

在解决问题时,与传统的逻辑思维模式相比较,"破案思维"更突出"界定问题""数字化衡量""结构化分析"与"验证方案"的重要性。

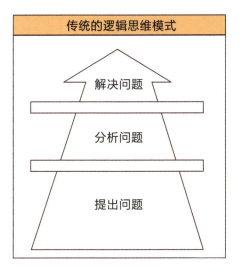
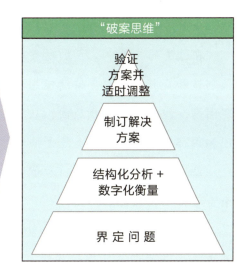

图1-15 "破案思维"的独特价值

5. "数据思维"应用案例

让我们看看拥有"数据思维"的人是如何汇报工作,并获得提拔的。

示例 1-6 善用"数据思维"汇报工作,并获得提拔

严喜宫是某世界 500 强中国公司的财务部经理。某日,公司的海外高层领导来中国视察工作,她代表财务部门汇报工作,她出色的思维方式和汇报方法给高层领导留下了深刻印象。一年后,严喜宫顺利升职并成为中国公司的财务总监。

严喜宫汇报工作有三大特点:数字化陈述、结构化表达及职业化呈现。

以下摘取了她的部分发言,供大家参考。

女士们、先生们,大家好!

我是财务部经理严喜宫,今天我代表中国公司汇报财务部门的工作目标和成果。

在过去的 5 年中,我们财务部始终以实现公司战略目标为使命,以价值创造和提升为中心,持续使用创新思维和工具,像侦探破案一样不断发现问题,挖地三尺寻找原因,从多维度提出问题的解决方案,为公司、部门和内部客户提供最优决策支持和建议。

每一天,我们财务部的人都会重复问自己一个问题:公司的每一块钱来自于哪里,又去了哪里呢?

经过我们的详细测算,以 2020 年为例,在中国公司挣的每一块钱中,其中 30% 来自华南区域的贡献,45% 来自华东区域的贡献,25% 来自华北区域的贡献。从资金来源的角度看,在这一块钱中,30% 是由产品 A 贡献

的，21%是由产品B贡献的，36%是由产品C贡献的。从资金运用的角度看，在这一块钱当中，我们将18%的钱应用在研发领域，将8%的钱应用在管理费用领域……

6. "创新思维"应用案例

让我们看看"受气小媳妇"如何运用"创新思维"成功逆袭。

示例1-7　用"创新思维"和"职场动物论"引领企业乘风破浪

案例背景：

小白是S公司新上岗的财务总监。公司业务部门和财务部门一向矛盾重重：业务部门认为财务部门就是"数豆先生"，平时的工作基本就是算账、记账，不能为业务部门创造价值；财务人员在公司的地位不高，处于"受气小媳妇"的状态。

小白新官上任，热切地盼望能够在本职工作中做出业绩，让老板刮目相看。

案例解析：

小白发现，财务部门之所以在公司不受重视，除了企业决策层没有意识到财务管理对企业的重大影响外，还有很大一部分原因在于财务部门角色需要重塑以及自身能力需要提升。财务部门必须"跳出财务做财务"，不仅对整个企业内部的运作流程要熟谙于心，而且对产业未来的发展趋势也要了如指掌。举例来说，财务部门如何用资本布局企业未来发展？财务部门如何配合业务部门跟踪和捕捉市场环境的变化和机遇？财务部门如何支撑企业CEO的战略设想，将其转化为可落地的行动方案？

为了改变财务部门在公司的尴尬地位，将财务部门打造成CEO的军师与业务的合作伙伴,小白决定使用"创新思维"来重塑财务部门的角色定位。经过认真研究,小白引入了"职场动物论"[○]的实践做法,将财务部门的角色定位为狗、老虎、狼、孔雀、猫头鹰和考拉,从传统的核算型会计向决策支持型的管理会计转型,如图1-16所示。

狗:核心价值的坚守者

老虎:财务管理的规划者

狼:资源的采掘者

孔雀:财务营销顾问

猫头鹰:风险预警者

考拉:外交大使

图1-16 职场动物论(© 邹志英)

以下,具体阐述"职场动物论"。

(1)为什么要成为"狗"

财务部门要像"狗"一样忠于职守,为公司构建稳健的财务基础和管理系统,成为公司核心价值的坚守者和资产安全的守护者。

(2)为什么要成为"老虎"

财务部门要像"老虎"一样具备领导力和规划能力,积极参与公司的战略制定、业务运营、公司治理及项目管理,并建言献策,这样才能让财

○ "职场动物论"是邹志英女士在2008年提出来的,欲知更多内容,推荐阅读《英眼视界:直击企业痛点》一书。

务部门具有话语权。

（3）为什么要成为"狼"

当公司资源紧缺时，财务部门要像"狼"一样迅速出击并把资源带回来，团结一切可以团结的力量，成为企业资源的搜寻者和采集者。

（4）为什么要成为"孔雀"

财务部门不能只顾低头做事不顾抬头看路，更不能成为闷葫芦。财务部门要像"孔雀"一样展示财务风采，对外积极传递对公司有利的信息，在资本市场树立公司的良好形象，增加投资者对公司的信任；对内积极与董事会和业务部门沟通，为其献计献策，用先进的财务管理引领企业乘风破浪。

（5）为什么要成为"猫头鹰"

财务部门要像"猫头鹰"一样随时随地保持警觉性，关注问题和风险点，具备风险应对之道。

（6）为什么要成为"考拉"

财务部门处于重重的矛盾之中，要想在公司成功地推行管理改革和各项制度流程，必须要像"考拉"一样成为和平使者，巧妙地穿梭于各种矛盾之中，平衡各方面的关系，化解不断涌来的矛盾。

没多久，S公司的财务部门在小白的"创新思维"和"职场动物论"的带领下，引领企业快速发展，业务部门与财务部门成为真正的合作伙伴。

7."联想思维"应用案例

让我们一起来看一看"驴为什么会饿死"这一个经典的寓言故事，体验用"联想思维"分析事物的奇妙之处。

示例1-8 用"联想思维"分析"驴为什么会饿死"

案例背景：

从前，有一只饥饿的驴，在它旁边放着两堆草料。驴看看左边的又看看右边的，可是它犹豫不决，不知道先吃哪边的好。

于是，驴就在自己的左思右想与焦虑斟酌中活活地被饿死了。

这则寓言故事的作者是中世纪法国的哲学家布利丹。因此，这头驴被称为"布利丹之驴"，常用其来指那些优柔寡断的人。后来，人们把决策中犹豫不决的现象称为"布利丹效应"，又称"布利丹选择"或"布利丹困境"。

由案例产生的联想：

1. "驴为什么会饿死"这个案例说明了什么问题？
2. "驴"为什么不做决策？
3. "驴为什么会饿死"这个案例引发了哪些联想？
4. "驴为什么会饿死"这个案例敲响了哪些警钟？

案例解析

"驴为什么会饿死"这个案例说明了什么问题？

这则寓言故事说明了驴由于没有决策能力，导致了"饿死"。寓言故事折射了现实生活中普遍存在的问题：在决策过程中，人们犹豫不决，不敢做决策。可见，犹豫不决会贻误时机，它是决策的最大忌讳之一。

"驴"为什么不做决策?

"驴"为什么不做决策呢?将"驴"想象成人,其不做决策有三种可能性,如图 1-17 所示。

图 1-17 不做决策的三种可能性

这三种可能性对应着不同的浅层次和深层次的原因。只有深层次的原因找到了,我们才能对症下药,如表 1-2 所示。

表 1-2 不做决策的原因分析

序号	想法	浅层次的原因分析	深层次的原因分析
1	不想做决策	个人不知道决策的重要性	个人的角色定位不清楚,缺乏自我认知
2	不愿做决策	个人没有动力去做决策,习惯"等、靠、要"	没有对个人建立有效的激励奖惩机制
3	不会做决策	没有建立决策标准,导致个人不会做决策	个人没有接受过关于"如何科学且合理地做决策"的培训

"驴为什么会饿死"这个案例引发了哪些联想？

由这个案例可以联想到以下三种假设：

第一种假设：把驴当成普通人，把草当成机会或问题

大部分人在面临选择时都存在"鸵鸟"心态，如图 1-18 所示。

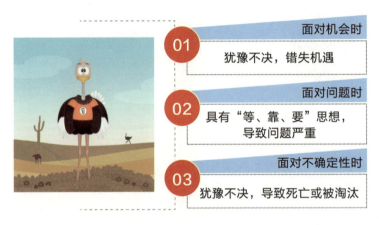

图 1-18 "鸵鸟"心态

（1）面对机会时

人们在面对机会时会举棋不定，不能果断地做出决策，导致错失良机，最终一事无成。

（2）面对问题时

人们在面对问题时会有"等、靠、要"的思想，既不敢直面问题，又害怕承担责任，导致问题变得更加严重，甚至一发不可收拾。

（3）面对不确定性时

人们在面对不确定性时习惯于待在自己的舒适圈，不会主动拥抱变化和学习新技能，结果就会像"布利丹之驴"一样面临死亡或被淘汰。

第二种假设：把驴当成管理者

有句话说得在理："领导不擅决策，累死三军。""驴为什么会饿死"这则寓言故事折射出了很多企业存在着管理者不作为和员工"等、靠、要"的思想，究其原因，与企业文化、目标管理、管理者的角色认知、激励机制和公司治理有关。

第三种假设：把驴当成企业

英特尔公司总裁安迪·格鲁夫曾这样评论公司的转型时期："路径选错了，你就会死亡。但是大多数公司的死亡并不是由于选错路径，而是由于三心二意，在优柔寡断的决策过程中浪费了宝贵的资源，断送了自己的前途。所以，最危险的莫过于原地不动。"

格鲁夫的这段话让我们想起诺基亚公司在面对机遇与调整时曾经犹豫不决，结果错过了公司转型的最佳窗口期，从此走向衰落。

面对激烈的市场竞争和环境的快速变化，如果企业危机意识不强，没有决策能力做出改变，不主动寻求新的商机，不主动创新产品和技术，就会面临跟这头驴一样的下场——倒闭或出局。

"驴为什么会饿死"这个案例敲响了哪些警钟？

这个案例具有普遍的代表性，它给我们敲响了两个警钟：决策思维和正确决策的重要性，如图1-19所示。

警钟一：不敢做决策的人将会一事无成

无论你是一个普通人，还是一个领导者，你的人生道路都离不开决策。决策是个人能否获得成功的关键，不敢做决策的人将会一事无成。

- 不敢做决策的人将会一事无成
- 只有形成高效的决策思维，才能让自己不立于危墙之下

图 1-19　"驴为什么会饿死"这个案例敲响的两大警钟

决策往往会影响你的一生，要么成就你，要么毁灭你。一件事情做不做、什么时候做、该怎么做，你都要果断地做出决策：决策晚了，机会就没有了；决策错了，则会全盘皆输。

警钟二：只有形成高效的决策思维，才能让自己不立于危墙之下

类似这头驴的困惑和悲剧同样折磨着人类，特别是决策能力弱的人。在面对生活、工作的不确定性时，决策能力弱的人在眼花缭乱的各种干扰面前会不知所措，并在不停的选择中失去机会。所以，形成高效的决策思维和提升决策能力是个人获得成功的关键。

第二节　练就管理会计思维，江湖任你行

一、人人都需要管理会计思维的四大理由

很多人会错误地认为管理会计是会计或财务的事，与其他人无关。但

毫不夸张地讲，管理会计思维可以服务于全人类。无论你是企业管理者、创业者、投资人、普通员工还是家庭主妇，你都面临着挣钱、花钱和省钱；无论是在工作还是生活中，你都需要分析问题、解决问题、制订计划、做出决策、应对风险以及说服他人。当你面临以上情形时，管理会计思维将会派上大用场，如图1-20所示。

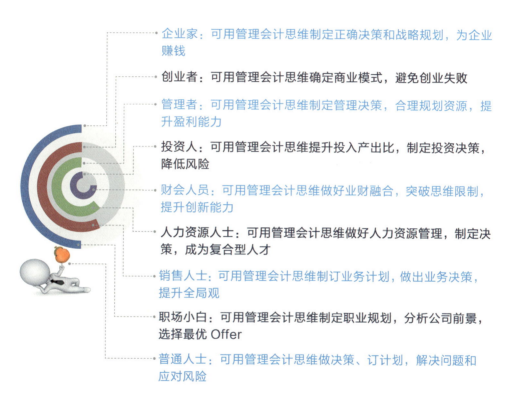

图1-20 人人都需要管理会计思维

随着你对管理会计思维的深入了解和体验，你会惊喜地发现：它是世界上最先进的思维方式之一，用与不用它，结果完全不一样。所以，人人都需要管理会计思维，练就管理会计思维能助你脱颖而出，成为炙手可热的"四会人才"，如图1-21所示。

图 1-21 "四会人才"的内容

理由一：做一个会决策的人，而非拍脑袋做决策

人人都需要做决策。

在人的一生中需要做出无数个决定，可能每个决定都会影响到你的幸福指数以及前途命运。比如，毕业后是留学、考研还是工作？京东、阿里巴巴和腾讯都向你抛出了橄榄枝，你应该选择去哪家公司上班？你获得了一笔奖金，会如何分配这笔钱？……

有调研显示：每个人每天有意无意间要面临 70 多个选择。然而，有七成人士都有"选择恐惧症"——面对选择，瞻前顾后，内心痛苦。决策风险已被列为重大风险级别，一旦决策失误，就会对个人、家庭和企业带来灾难性的毁灭，辉煌与衰落往往就在一念之间，企业如此，个人亦是如此。

管理会计为决策而生、为价值而战的特点，能让决策变得轻松且高效。以管理会计拨云见日的思维方式来看待问题，可以帮你形成一套体系化的决策思维，建立决策标准，提升决策能力，让你快速走出"选择困难综合征"。因此，人人都可以用管理会计思维来做决策，如图 1-22 所示。

决策不是一件容易的事情，它不是简单地在 A、B、C 之间做选择

用管理会计思维"做决策"

提高"决策能力"、形成"决策思维"，让决策变得轻松和高效！

形成"决策什么、怎么决策"的高效思维方式，将改变你的命运，影响你的一生。

"决策风险是个人、家庭、企业面临的最致命的风险"

决策质量的高低需要一套严密的方法论，保证决策的科学性、严谨性和有效性。管理会计就是这样一套方法论，它决定了决策质量的好坏，是决策的天然好帮手。

图 1-22　用管理会计思维"做决策"的益处

小结：人人都需要用管理会计思维"做决策"

决策做不好将影响个人的前途命运。管理会计的价值就在于帮你抓住关键要素，剔除不利因素的干扰，运用数字化工具做出明智决策，让你成为优秀的决策者。

理由二：做一个会规划的人，不打无准备之仗

人人都需要订计划。

在人的一生中需要制订多个计划，如表 1-3 所示。可能每个计划都会影响到你生活的幸福指数以及事业的成功程度。比如，职业规划、装修计划、旅游计划、孩子教育计划和减肥计划等。

不做计划，人们就会像脱缰的野马一样失去方向和控制；计划失败，会导致人们的效率降低、梦想落空和资源浪费。

人们在计划制订中有以下三大痛点：

（1）拍脑袋、凭感觉定目标，导致目标制定不合理。

（2）缺乏计划管理能力和逻辑分析能力，导致不会做计划。

（3）缺乏正确的方法和严谨的流程，导致计划制订后无法实施。

表1-3 目标管理学习计划

××的学习计划							
我的目标：考上××中学							日期 2022.1.18
我的要求：期末考试平均成绩在95分以上							时间 | 内容
我的现状	科目	语文	数学	英语	化学	物理	平均成绩
	上一学期考试得分	95	95	97	98	90	95
	目标分数	98	98	99	98	92	97

我的资源	时间：12周
	人力：老师、同学、家长
	其他：课外辅导资料

每日打卡	1	2	3	4	5	6	7
按时起床	X			✓			
按时学习	✓	✓	✓		✓	✓	✓
按时复习	✓	✓	✓	X			
按时睡觉				X			

时间 | 内容
6:00 | 起床
6:30 | 早餐
7:00 | 上课
18:10 | 晚餐
19:30 | 复习和做作业

总结：

进步明显，继续加油！

方向正确+执行到位=好结果。管理会计的重要职能之一是"规划"功能，运用它的核心思想和方法论不仅可以确保规划方向正确、目标制定有据可依、执行措施可落地、资源运用高效合理，还可以提升个人的规划能力，把普通人变成优秀的规划能手，如图1-23所示。

规划不是一件容易的事情，它不是凭经验、拍脑袋，也不是画张图就完事了

用管理会计思维"做规划"

提高"计划能力"、形成"规划思维"，让规划变得轻松、高效！

形成"规划什么、怎么规划"的高效思维方式，会使你减少损失、提高效率、收获财富。

"如何定义个人的成功和价值，规划至关重要"

计划要想顺利落地，需要一套严密的方法论来保证它的科学性、严谨性和有效性。管理会计就是这样一套方法论，管理会计决定规划质量，是规划的天然好帮手。

图1-23 用管理会计思维"做规划"的益处

小结：人人都需要用管理会计思维"做规划"

规划做不好将影响个人的生活和事业。管理会计的价值就在于运用数字化工具制定科学且合理的目标，确保正确的方向、合理的资源分配以及严密的过程管控，让你成为规划高手。

理由三：做一个会分析问题、解决问题的人，勿让问题升级

人人都需要解决问题。

在人的一生中会面临无数个问题。比如，为什么孩子学习努力但成绩

却上不去？为什么吃喝不多却总发胖？为什么房价上涨了10倍，而车价却下降了2倍？为什么公司产品质量好但销售业绩却在持续下滑？为什么公司员工每天都在加班但业务却发展缓慢？

有调研显示：很多人在面对问题时，总是急于解决问题，却忽略了问题分析的过程，这导致80%的问题无法解决，原因就是人们没有洞察问题背后的深层原因。

在面对问题时，人们会有以下五大痛点：

（1）不能提前发现问题，所以总是处于"救火"状态。

（2）看到问题，没有意识到这是问题。

（3）找到问题时不知从哪里下手分析，无法找到原因。

（4）分析问题时抓不住关键，无法揭露问题真相。

（5）知道问题出在哪里，却无法找到解决之策。

造成以上问题的原因与人们没有问题意识、缺乏正确方法、缺乏分析能力有关。只有发现问题、洞察原因，才能制订正确的解决方案。管理会计的重要职能之一是"分析"功能，运用它的多视角思维方式，从问题的高度、宽度和深度深挖原因，可以直到揪出问题背后的"凶手"。同时，它还可以帮助个人提升分析问题和解决问题的能力，增强职场竞争力，如图1-24所示。

小结：人人都需要用管理会计思维"分析问题、解决问题"

无法发现问题、洞察原因，就无法制订正确的解决方案。管理会计的价值在于找到问题的原因，运用数字化工具清晰地界定问题，找到针对性的解决之策，让你成为一名优秀的问题解决者。

分析问题的目的是为了解决问题，无论是分析问题还是解决问题，方法正确很重要

找到"正确方法"、提高"分析能力"，形成"问题意识和价值思维"，解决问题才会变得轻松、高效！

用管理会计思维"分析问题、解决问题"

形成"发现什么、怎么分析、如何解决"的高效思维方式，会使你减少损失、收获财富、增强职场竞争力。

"分析问题、解决问题是职场人最基本的职业素质"

用管理会计思维分析问题，可以直击本质，精准制订解决方案，提升生存技能，规避危机和灾难的发生。

图 1-24 用管理会计思维"分析问题、解决问题"的益处

理由四：做一个会控制风险的人，不立于危墙之下

人人都需要控制风险。

风险无处不在，无时不有。比如，健康风险、养老风险、意外风险、疾病风险和经济风险等。有效的风险管理可以将损失降到最低限度，避免危机或灾难的发生，或者将危机转化为机会和价值。

在应对风险时，人们会有以下六大痛点：

（1）看到风险时，没有意识到"这是风险"。

（2）不能提前发现风险，所以人们总是频繁地处于救火状态中。

（3）无法找到风险的源头。

（4）无法预测风险发生的概率。

（5）无法量化风险造成的损失。

（6）知道风险在哪里，却无法找到有效的应对之策。

用管理会计思维应对风险的好处是：管理会计可以充分发挥分析、预测、控制和决策等作用。采用正确的方法权衡风险与回报、收益与成本之间的关系，通过识别风险、衡量风险以及计算损失，可以达到规避或者降低风险的目的，不让企业、家庭和个人立于危墙之下，如图1-25所示。

风险不可怕，可怕的是对风险视而不见，缺乏管控风险的能力

用管理会计思维"控制风险"

☑ 找到"正确方法"，提高"风控能力"和"风险意识"，风险管理才会变得轻松、高效！

形成"控制什么、衡量什么、如何控制"的高效思维方式，会使你平衡风险与回报、成本与收益之间的关系。

"风险管理意识与能力是职场人必备的职业素质"

用管理会计思维管理风险，可以高效地建立免疫系统，提升风险管控能力，预防危机和灾难的发生。

图1-25　用管理会计思维"控制风险"的益处

小结：人人都需要用管理会计思维"控制风险"

无法发现风险的源头，就无法制定有效的应对之策。管理会计的价值在于精准地找到风险的源头，运用数字化工具高效地识别风险、衡量风险，找到高效的应对之策，让你成为一名优秀的风险管理者。

二、拥有管理会计思维的人将成为人生赢家

1. 拥有"会计"或"财务"思维的政商界名人

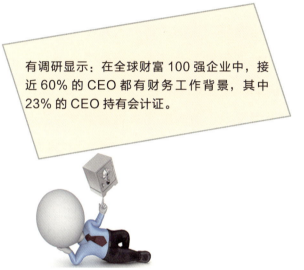

有调研显示:在全球财富 100 强企业中,接近 60% 的 CEO 都有财务工作背景,其中 23% 的 CEO 持有会计证。

让我们盘点一下在全球和中国的政商界名人中,都有哪些人曾是"会计"或是"财务"出身,如图 1-26 所示。

○ 政界人物:美国前总统林肯、克林顿以及杰斐逊,我国著名数学家华罗庚。

○ 商界人物:运动品牌耐克的创始人菲尔·奈特,世界上第一个亿万富翁洛克菲勒,知名服装品牌创始人皮尔·卡丹,新浪公司董事长兼 CEO 曹国伟,阿里巴巴集团 CEO 张勇。

图 1-26　出身于"会计"或"财务"的政商界名人

2. 商业精英用管理会计思维指挥千军万马

思维格局决定人生高度。多年前，我在不同类型的世界500强企业中工作时惊喜地发现"管理会计思维是商业社会的宝贵财富"。在职场中，拥有管理会计思维的业务精英们更受公司大老板的青睐，升职和加薪更快。更有趣的是，这些精英中的大部分人并不是学会计或者财务专业的，但却依然能够自如地运用管理会计思维指挥千军万马，用它来制定规划、解决问题、做出决策以及应对风险等。

管理会计善于用发现价值的眼光来思考事物，它是员工的老板思维、管理者的财务思维以及财会人士的管理思维。用它来看问题从不基于单一维度，而是尝试从多个不同视角分析问题，进行综合的商业判断。将这种思维方式应用在企业运营管理的不同领域可以直击问题本质，找到企业盈利的秘密，管控利润的"跑、冒、滴、漏"，改善员工"等、靠、要"的消极怠工状态，从源头上提升公司的核心竞争力。

第三节　管理会计思维无处不在

在我过去28年的职业生涯中，至少有25年是从事与管理会计相关的工作。从外企、民企、混合所有制企业、非营利组织到从事教育培训和咨询辅导，我在企业做高管的这些年里，管理的区域也从中国区变成了大中华区、亚太区，后来有幸成为美国管理会计师协会（IMA）的全球董事、中国区理事会副主席以及中国区形象大使。可以说，在管理会计这条道路上，我探索了25年，这既是一个积累，也是一个沉淀。

经济学的魅力在于它可以解释大多数的社会现象。随着我对管理会计的深入了解以及不断地实践和总结，我深刻地体会到魅力无穷的管理会计无处不在：它既有理论，又有模型；它既是一门科学，更是一门艺术。

管理会计不仅可以解释社会现象，还可以解释企业的战略及运营管理问题、团队建设问题、家庭的致富问题、个人的健康与养老问题，甚至是择业、减肥、烹饪、旅游和教育……可见，管理会计思维的应用领域十分广泛。活学活用管理会计思维的关键是掌握它的底层逻辑。这些年，我将管理会计思维应用在工作和生活中的方方面面，并切实体会到了有它相伴其乐无穷，做事效率也更高了，如表1-4所示。

表1-4 管理会计思维的应用范围

序号	应用领域	具体应用描述
1		一家好企业是如何破产的？
2		为什么企业利润下降了10%？
3		企业如何扭亏为盈？
4	企业管理	企业会议中都有哪些学问？
5		如何为企业制定战略规划？
6		如何为企业规划商业模式？
7		如何为企业开源和节流？
8		汽车为什么一直降价？
9	社会现象	肯德基为什么要挨着麦当劳？
10		三个和尚为什么没水喝？
11		老鼠如何给猫挂铃铛？
12		如何做好烘焙？
13	健康生活	如何在3个月内成功瘦身40斤？
14		如何制定旅游规划？

（续）

序号	应用领域	具体应用描述
15	个人投资	如何进行个人资产配置？
16		如何买到心仪的房子？
17	职业生涯	如何制定可落地的职业生涯规划？
18		面对不同Offer，如何做出最优选择？
19	团队建设	如何打造无敌军团？
20	退休养老	如何制订退休养老计划？
21	家庭教育	如何提升孩子的英语成绩？

令我感到欣喜的是，越来越多的企业和个人已经意识到了管理会计的独特魅力以及重要作用，尤其是在技术发展的新周期和企业创新的关键节点，管理会计的重要性越发突显。在最近几年，《中国经营报》等多家主流媒体多次邀请我用管理会计思维剖析新闻热点事件，并给出管理咨询建议，比如：

（1）分析新冠肺炎疫情期间中小企业如何突围，为其提供现金流管理和成本管理建议。

（2）分析某知名矿泉水背后的高毛利秘密。

（3）预测某品牌自曝家丑后的连锁反应，并提供公司治理建议。

（4）分析某火锅店衰败的原因，并为企业提出提质增效的建议。

（5）评价某知名咖啡品牌"宫斗"剧背后映射的公司治理问题，并提供内控和风险管理建议。

（6）分析某日化品牌"短视频广告致歉"事件背后的公司治理问题，并提供内控和风险管理建议。

（7）深度剖析某果汁是如何走下神坛的，并提供决策管理、现金流管理和公司治理的建议。

所以说，万事万物都是互联互通的，只要掌握了规律和方法，大到国家战略发展规划、城市战略发展规划，中到企业战略发展规划和运营管理，小到个人找工作、订计划和减肥等，都可以运用管理会计"七彩阳光"思维做分析、订计划、控风险和做决策。这就是管理会计思维的魅力所在——无处不在，相互融合，互联互通。练就管理会计"七彩阳光"思维，江湖任你行。

我会在书中深刻地阐述如何将管理会计思维和方法应用到工作和生活中的不同方面，并分享我的应用体会、经典案例与应用成果，期望能够帮助你打开脑洞，突破思维的边界，用管理会计思维进行深度思考，洞悉问题真相，掌握理性决策与高效布局的技巧，练就终生思考力。

成功与平庸、富裕与贫穷——选择权在你，你若芬芳，蝴蝶自来！

思维导图
内容概要

问题
思考

第二部分
职场应用

志英
观点

你有答案了吗？邀请你继续阅读

第 2 章

情景剧场：人生如意，少不了"设计"

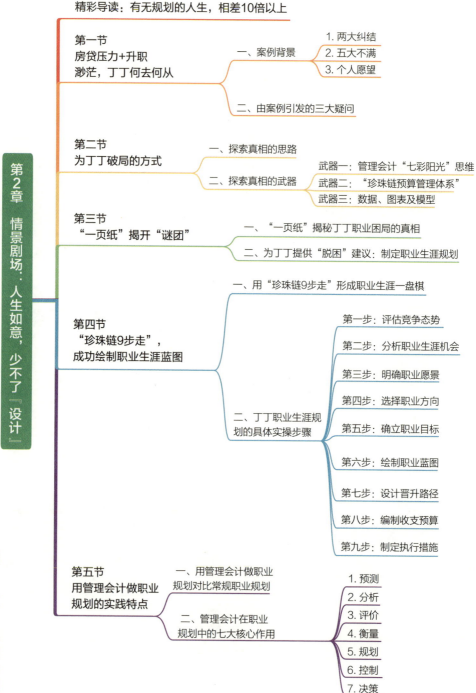

第 2 章 情景剧场：人生如意，少不了"设计"

内容概要

成功的人生需要"设计"。然而，在现实中，90%以上的人都没有认真思考过**"如何选好职业赛道，做好职业规划，走好职业生涯"**这一人生重大课题。

本章故事主人公丁丁是一名在国企从事人力资源工作的职场小兵，他面对薪资不高、升职渺茫、每月还要按时还房贷的情况不知何去何从。于是，他用管理会计思维选好职业赛道，用"珍珠链预算管理体系"做好职业生涯规划，评估职场竞争态势，确立职业奋斗目标，制定三大转变策略，绘制职业发展蓝图，设计晋升路径，匹配预算和资源，以及制订行动方案。

本章通过 8 大情景化示例和 28 张彩色图表，指出了用管理会计思维和用常规思维制定职业生涯规划的本质区别，从中可以看到：拥有管理会计思维可以练就直击本质的终生思考力，实现人生的华丽转身。

志英观点

人生如意，少不了"设计"。用管理会计方法——"珍珠链预算管理体系"精准规划职业生涯路径图，为个人制定"由杂到专""由弱到强""由低到高"的转变策略，实现个人职业生涯的华丽转身。

拥有管理会计思维可以练就直击本质的终生思考力，就像本章故事主人公丁丁一样，实现人生跃迁。

精彩导读

有无规划的人生，相差10倍以上

美国哈佛大学曾对一群智力和学历等客观条件都差不多的年轻人，做了一项长达25年的跟踪调查，目的是找出规划对人生的影响，结果如表2-1所示。

表2-1 命运与人生规划密切相关

调研对象分类	人数占比	毕业时的状态	毕业25年后的命运
第一类人	27%	没有人生目标	所处阶层：社会最底层 特点：他们生活过得非常不如意，常常失业，抱怨这个"不肯给他们机会"的世界
第二类人	60%	目标模糊	所处阶层：普通人 特点：他们能够安稳地工作与生活，但几乎没有什么特别的成绩

（续）

调研对象分类	人数占比	毕业时的状态	毕业25年后的命运
第三类人	10%	有清晰但比较短期的目标	所处阶层：社会中上层 特点：他们能够完成短期目标，生活状态稳步上升，已成为各行各业中不可或缺的专业人士，如医生、律师、工程师、高级主管等
第四类人	3%	有清晰而长远的目标	所处阶层：成功的顶尖人物、知名人士 特点：他们总是朝着同一个方向不懈地努力，已成为社会各界的顶尖人士，其中不乏创业者、行业领袖和社会精英等

可见，人生如意，少不了"设计"，规划好人生赛道是走向成功的第一步。但凡在事业上获得成功的人，都懂得做好职业生涯规划，走近路找到人生中的最佳位置。

规划职业生涯的目的绝不仅仅是找到一份舒心或者高薪的工作那么简单，而是帮助个人重塑自我、谋划职业前景、拟定一生的事业发展轨迹，根据个人所处的环境因素设计出合理且可行的职业生涯发展路线图，让个人事业如鱼得水。

管理会计是企业的"中枢神经系统"，它可以帮助企业提质增效塑品牌，为企业创造价值、提升价值，引领企业一路前行。那么，作为大学毕业生或者职场人士，我们能不能像经营企业一样经营自己的职业生涯呢？答案是肯定的。

管理会计与职业生涯规划均是目前理论研究、企业实践和社会关注的焦点。尤其是我国高等教育体制改革以来，大学毕业生面临着空前的就业压力，如何科学、系统地制定职业生涯规划，提高大学毕业生的就业竞争力以及职场胜任能力已成为政府、企事业单位、家庭和个人关注的焦点。因此，将管理会计思维与个人职业生涯结合起来的实践应用意义非凡。然而，现实中将两者融合在一起进行研究和实践的示例却非常少见。

以国企人力资源专员丁丁为例，我们看一看他是如何运用管理会计思维来规划职业赛道的。

第一节　房贷压力＋升职渺茫，丁丁何去何从

一、案例背景

1.两大纠结

成年人的世界中从来没有"容易"二字。

2014年，我在北京某985大学担任客座教授，期间辅导了一批MBA学生。有一名学生叫丁丁（化名），在国企做人力资源工作，因听过我的管理会计实战应用大讲堂，所以对管理会计产生了浓厚的兴趣。此后，他也一直与我保持联系，希望有一天能够将管理会计思维运用到工作和生活中。

某日，丁丁给我打电话，提到他对自己的职业前途感到非常迷茫，并丧失了自信：

"邹老师，最近一年多，我一直在找新工作，面试了几次都不成功，猎头告知原因是我的能力和经验不符合用人单位的要求。我对自己很失望，对这世道的冷酷无情感到很无奈……我今年27岁，明年就28岁了，国企按部就班的生活，让我逐渐失去了对工作和生活的热情，变得越来越压抑。尤其是看到身边的同事失去光芒的眼睛，有些人甚至在一个岗位上勤勤恳恳干了十几年，最后还是在原地踏步，我觉得很颓废，因为同事的现在就是我的未来……这样耗下去总觉得前路漫漫，想起自己每月的还贷压力、不高的工资和渺茫的升职机会就头疼，不知何时才能把父母接到北京以报答他们多年的养育之恩。"

陷入深度纠结、痛苦不堪的丁丁不知何去何从，如果继续选择留在原公司，未来升职空间渺茫，他可以一眼望到头；如果换家公司工作，虽然外面的世界很精彩，但他在一个单位待久了，思维有些固化，既不清楚外面的世界是什么样子，也不清楚自己是否可以适应。

2. 五大不满

丁丁的个人介绍，如图 2-1 所示。

性别：男
年龄：27 岁
专业：英语
毕业院校：北京某 985 大学
最高学历：研究生
工作单位：某中型国有食品企业
工作地点：北京
目前岗位：人力资源专员
工作年限：4 年

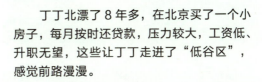

丁丁北漂了 8 年多，在北京买了一个小房子，每月按时还贷款，压力较大，工资低、升职无望，这些让丁丁走进了"低谷区"，感觉前路漫漫。

图 2-1　丁丁的个人档案

丁丁从念大学开始就来到了北京，生活和工作压力巨大，每月需要按时还房贷，对自己当前的工作状态很不满意，尤其是工资低、工作环境复杂、工作内容琐碎、无法积累有价值的工作经验以及升职空间有限，如表 2-2 所示。

表 2-2 丁丁的五大不满

序号	丁丁的关注领域	丁丁的感受
1	薪资待遇	福利不错,但工资较低,在北京贷款买了一个小房子,在京居住生活成本较高
2	工作环境	公司人事关系复杂,需要在人际关系上耗费大量时间,心累体乏
3	工作内容	工作内容琐碎,每天都在进行重复性工作,无法积累有价值的专业技能及经验
4	升职机会	公司论资排辈现象严重,感觉自己离职场天花板很近,看不到升职的希望
5	面试失败,没自信	几次面试失败和用人单位的负面反馈意见导致自信心缺失

3. 个人愿望

丁丁的个人愿望,如图 2-2 所示。

1. 迫切希望有人能够指导我如何走出职业困局。
2. 迫切希望有人能够明确告诉我需要在哪些领域提升工作技能。
3. 迫切希望跳槽去一家工资更高的企业且有升职的机会。

图 2-2 丁丁的个人愿望

二、由案例引发的三大疑问

在现实中,跟丁丁有类似境遇的案例有很多。从管理会计的角度看,真相究竟是什么呢?

第 2 章 情景剧场：人生如意，少不了"设计"

你一定好奇：

1. 造成丁丁职业困局的原因是什么？
2. 我给了丁丁哪些专业的"脱困"建议？
3. 丁丁能否顺利走出职业困局？

第二节　为丁丁破局的方式

一、探索真相的思路

在探索真相的过程中，我发现有很多求职者职业定位不清晰，不会做职业生涯规划，听说什么赚钱就做什么，做过很多份工作，最后还是碌碌无为，更有甚者忙碌一生依然穷困潦倒。可见，丁丁遇到的职业困局并非个案，而是很有代表性且极具研究价值和借鉴意义，是很多职场人士共同经历的痛点。

丁丁职业困局的分析过程和呈现方式，如图 2-3 所示。

二、探索真相的武器

研究和分析丁丁职业困局的真相共运用了三种武器，如图 2-4 所示。

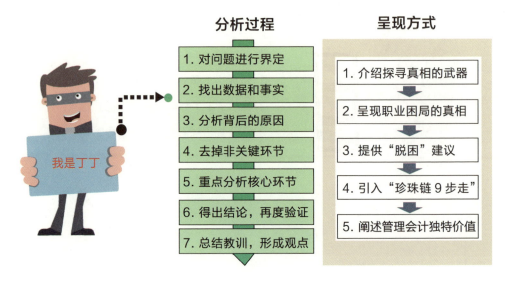

图 2-3　丁丁职业困局的分析过程和呈现方式

图 2-4　探索丁丁职业困局真相的三种武器

武器一：管理会计"七彩阳光"思维

用管理会计思维之"破案思维"分析丁丁职业困局的真相，为丁丁建立全新的自我认知系统。

在探寻真相的过程中，既会从管理会计财务思维的角度思考丁丁的职业方向、机会选择和晋升路径，也会从管理会计创新思维的角度提出独特的、与丁丁职业兴趣和能力素质匹配的解决方案。

武器二:"珍珠链预算管理体系"

在《玩转全面预算魔方(实例+图解版)(第2版)》一书中,我曾介绍过"珍珠链预算管理体系"在企业和个人日常生活中的应用。它帮助T集团走出了资金链断裂的命运,并实现了3年业绩增长36倍的战略目标;它也帮助丽丽夫妇制订了品牌购车计划,成功做出购车决策,引领快乐生活。

我将在本章中使用"珍珠链预算管理体系"帮助丁丁制定职业生涯规划,设计晋升路径,助其走出职业迷茫的困境。

武器三:数据、图表及模型

数据是分析问题与解决问题最好的帮手;图表更加简单易懂;模型和工具逻辑性更强,可视化的感觉也更好。在本章中,我将会使用标杆管理、战略地图和SWOT分析等管理会计模型和工具。

用"数据+图表+模型"分析原因并得出结论,将会更有逻辑性和说服力。

第三节 "一页纸"揭开"谜团"

一、"一页纸"揭秘丁丁职业困局的真相

以丁丁为例,用管理会计思维之"破案思维"来揭开他职业迷茫的原因。

示例 2-1　用破案思维分析丁丁职业困局的真相

示例背景

在工作中，丁丁看不到升职希望，从自己前辈的工作轨迹中就能看到自己未来的道路。

在生活中，丁丁在一线城市，每个月要按时还房贷，对于低薪的丁丁而言生活压力巨大。

丁丁对未来的职业发展感到困惑与迷茫。

通常情况下，职业困惑跟自我认知、职业目标、生涯规划以及专业能力等有关。通过探索丁丁的自我认知世界，客观地分析他的职业兴趣和性格特点，可以用"一页纸"揭开丁丁的职业困惑谜团，如表 2-3 所示。

表 2-3　"一页纸"探寻丁丁职业困惑真相

第一部分：探索丁丁的自我认知世界			
序号	自我认知要素	是否清楚	自我认知状况
1		我的能力素质	否	丁丁不清楚自己的职业技能、优劣势以及职业潜能。由于巨大的压力和忙碌的工作，他甚至忘记了自己的兴趣和爱好
2		我的职业方向	否	丁丁不清楚外面的环境能够赋予他哪些机遇和挑战
3		我的职业定位	否	丁丁不清楚自己在职场中所处的竞争位置，比如： （1）与同级别的人对比，自己的差距和竞争优势体现在哪里，这决定着他成功跳槽的机会大小 （2）与自己的上级对比，自己的差距和竞争优势体现在哪里，这决定着他未来的升职空间大小

（续）

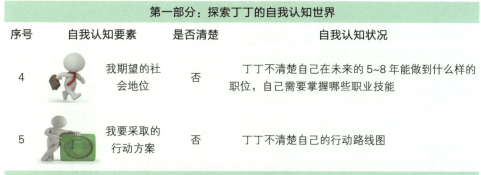

	第一部分：探索丁丁的自我认知世界		
序号	自我认知要素	是否清楚	自我认知状况
4	我期望的社会地位	否	丁丁不清楚自己在未来的5~8年能做到什么样的职位，自己需要掌握哪些职业技能
5	我要采取的行动方案	否	丁丁不清楚自己的行动路线图
	第二部分：主要结论		

1. 丁丁缺乏一套科学、系统化且可操作的职业生涯规划
2. 丁丁缺乏一些职场竞争的必备能力，尤其是用"数字"进行思考、分析、推理以及决策的能力，这些都是职场求职面试中最受欢迎的能力，也是职业晋升的必备能力

二、为丁丁提供"脱困"建议：制订职业生涯规划

职业生涯占据了人一生当中的几十年时间，以人的平均寿命76岁作为计算依据，它会占据40%的时间。所以，职业生涯规划就好比一场战争中的战略规划一样，战略规划决定了战争的成败，职业规划决定了职业的成败和个人的前途命运。丁丁的"脱困"建议就是应先制定一套科学、系统、可落地的职业生涯规划。

在探寻丁丁"脱困"方法的过程中，我发现有调研统计显示：只有15%的规划能够落地，大多数规划仅停留在美好的梦想和谈资中而不能有效落地，原因是规划方向不正确、目标设计不科学以及落地困难。这就解释了为何只有少数人才能拥有较高的社会地位、不错的事业以及源源不断的财富。

所以，为了确保职业规划方向正确、职业目标制定有据可依、执行方法得当以及风险控制到位，我决定运用管理会计思维为丁丁绘制可执行的职业发展蓝图，把他变成用"数字"思考的复合型高级人才，如图2-5所示。

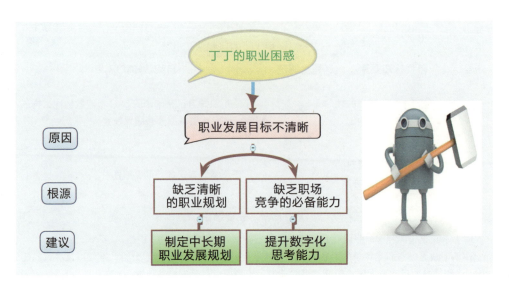

图 2-5 给丁丁的"脱困"建议

成功地规划职业生涯，丁丁必须做好职业模式的转换设计，并且紧紧抓住六大关键的成功要素。只有这样，丁丁才能从 A 模式的职场小兵华丽转身为 B 模式的职场高手，如图 2-6 所示。

图 2-6 丁丁需要完成职场模式的转换

第四节 "珍珠链9步走",成功绘制职业生涯蓝图

一、用"珍珠链9步走"形成职业生涯一盘棋

凡事预则立,不预则废。为了成功设计可落地的职业生涯计划,我运用"珍珠链预算管理体系"为丁丁设计并形成了"从职业愿景到行动计划"的一盘棋职业蓝图,如图2-7所示。

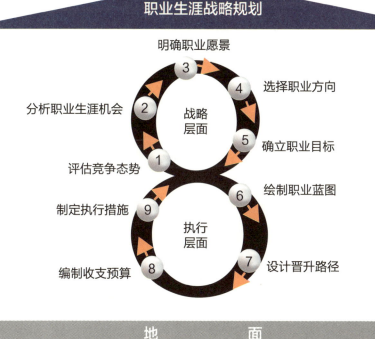

图2-7 用"珍珠链9步走"规划职业生涯(© 邹志英)

二、丁丁职业生涯规划的具体实操步骤

第一步：评估竞争态势

评估竞争态势是指从性格特征、职业兴趣和职业能力三方面对个人的职场竞争优势进行科学且客观地评估，认清"我是谁、我喜欢什么、我能做什么"，从而确定匹配的职业方向和职业路线。

评估竞争态势是成功之路的起跑线，个人只有看清自己，才能重塑自己，从而成为理想中的自己。

根据大中型成熟企业人力资源要求，普通员工需要具备7项能力素质，参见表2-4中的第1~7项；优秀员工需要具备4项能力素质，参见表2-4中的第8~11项。

表2-4　企业普通员工和优秀员工需要具备的能力素质

能力1	能力2	能力3	能力4	能力5	能力6	能力7
进取心	执行力	沟通能力	团队合作意识	主动性	责任心	自信乐观
能力8	能力9	能力10	能力11			
洞察力	理性决策	计划控制	组织协调			
关键素质	关键素质名词解释					
洞察力	个人深入事物或问题的能力，包括但不限于对细节的关注以及对周围变化的敏感度					
执行力	个人贯彻战略意图、完成预定目标的操作能力，包括完成任务的意愿、能力和程度					
自信乐观	个人相信自己具备完成某项任务的能力，面对问题和困难时表现出的正能量和信心					

示例2-2　丁丁职场胜任能力评估

以"职场必备能力"为例，用管理会计思维来评估丁丁的职场胜任能力，通过确定其职场竞争态势，制定职业生涯转变策略。

示例背景

丁丁是某国企的人力资源专员，有4年工作经验，研究生毕业：

- 如果将丁丁的职业能力与其岗位标准做对比，丁丁的职场竞争态势如何？
- 如果将丁丁的职业能力与同级别、同岗位的优秀人才做对比，丁丁的职场竞争态势又如何？

分析企业的经营业绩时，可以使用管理会计思维做业绩的同比分析、预实对比分析和竞争对手分析，这样得出的结论更立体、更全面。

对丁丁的职场胜任能力进行评估时，可以采用类似的方法，让丁丁对自己有更全面、更深入的认知，目的是提升丁丁的职场胜任能力和制定职业生涯转变策略，如图2-8所示。

图2-8 丁丁职场胜任能力评估方法

方法一：做预实对比分析，为丁丁制定"由杂到专"的转变策略

将丁丁实际完成的工作清单与其岗位职责和岗位标准做对比，从工作完成的数量、质量和效率三个方面做分析，找出亮点和不足并得出结论，为其制定"由杂到专"的转变策略。

- 如果丁丁实际完成的工作数量、质量和效率高于或等于岗位标准，那么需要深入挖掘原因，找出丁丁的职场竞争优势。
- 如果丁丁实际完成的工作数量、质量和效率低于岗位标准，那么需要深入挖掘原因，找出丁丁的职场竞争劣势。

为丁丁做预实对比分析，能力评价结果显示为"良"，如图 2-9 所示。

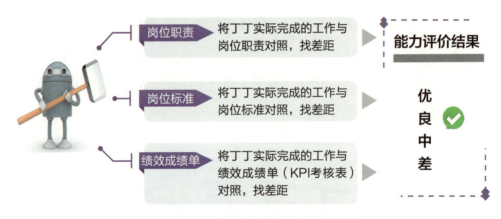

图 2-9　丁丁职业能力的预实对比分析结果

方法二：做竞争对手分析，为丁丁制定"由弱到强"的转变策略

将丁丁的职业必备能力与同级别、同岗位的优秀人才（即竞争对手）做对比，找出其差异化的竞争优势，为其制定"由弱到强"的转变策略。

- 如果丁丁的职业必备能力高于竞争对手，证明丁丁有较强的职场竞争优势，可以进一步挖掘其表现优异的工作技能，作为将来面试新工作的敲门砖。

- 如果丁丁的职业必备能力低于竞争对手，需要深入挖掘原因，找出丁丁有待提高的职业能力，以弥补木桶的短板。

为丁丁做竞争对手分析，能力评价结果如图 2-10 所示。

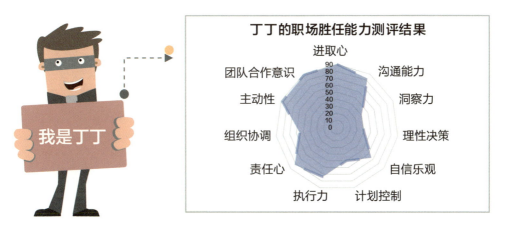

图 2-10　丁丁的 11 项职场胜任能力测评结果

（1）从图 2-10 可以看出，丁丁表现突出的六项能力分别为：

① 沟通能力　　　④ 主动性

② 进取心　　　　⑤ 责任心

③ 团队合作意识　⑥ 执行力

（2）从图 2-10 可以看出，丁丁表现欠佳的五项能力分别为：

① 理性决策　　　④ 计划控制

② 洞察力　　　　⑤ 组织协调

③ 自信乐观

根据丁丁的职场胜任能力测评结果，可以为其出具一份"职业胜任能力体检报告"，如表 2-5 所示。

表 2-5　丁丁的职业胜任能力体检报告

综合评估：
从测评结果看，将丁丁的职业能力与竞争对手做对比，丁丁有 6 项职业能力表现较好，5 项职业能力表现欠佳

丁丁适合从事创新类的人力资源工作，在他感兴趣的领域，他具备把工作完成得较为出色的能力

丁丁距离管理岗位有一定的距离，需要为其确定清晰的职业发展目标，在弥补职业能力短板后，他会有升职的希望

序号	具体解释	表现突出的方面	表现不足的方面
1	典型特征	1. 沟通能力 2. 进取心 3. 团队合作意识 4. 主动性 5. 责任心 6. 执行力	1. 理性决策 2. 洞察力 3. 自信乐观 4. 计划控制 5. 组织协调
2	工作技能	1. 丁丁对人性和社会持乐观态度，充分信任他人 2. 丁丁愿意帮助并支持他人，能主动和他人分享各种信息，富有开放的精神 3. 丁丁能充分理解和接纳人际差异性，能与不同风格的人交往和共事 4. 丁丁富有创新精神，能主动寻求变化和工作改进 5. 丁丁沟通意识强且工作积极主动，他愿意通过频繁的沟通来解决问题 6. 丁丁在沟通中善于倾听，能很快与对方产生共振 7. 丁丁能主动参与问题的解决，积极协调不同意见，恰当处理问题	1. 丁丁不善于进行分析性思考，不善于运用因果推理，在分析问题及解决问题时缺乏数据支撑，感性层面偏多 2. 丁丁对工作细节考虑不周 3. 丁丁在遇到复杂的问题时，会表现出犹豫不决、不能做出果断决定的特征 4. 丁丁对组织目标理解不够深刻，不善于对目标进行周密计划和进度控制
3	个性特质	1. 丁丁对目标执着且意志坚定，遇到困难能坚持到底 2. 丁丁积极主动，善于发现机会并及时采取行动 3. 丁丁成就欲较强，有强烈的学习意愿，会全力以赴地追求成功	丁丁性格中感性色彩居多，缺乏理性

第二步：分析职业生涯机会

分析职业生涯机会是指对个人所处的社会、行业和企业环境进行评估，分析环境因素对个人职业发展的有利和不利影响。只有充分掌握环境因素带来的机会与限制，才能为个人制定客观、科学的职业定位和发展路径。

示例 2-3　SWOT 分析，让丁丁趋吉避凶

用管理会计思维来分析丁丁所处的社会、行业和企业环境，判断环境为其带来的机会和挑战。

示例背景

丁丁在国企做人力资源专员，他所处的环境会给他带来哪些机会和挑战？
疑问：他应该如何趋吉避凶？

首先，用 SWOT 分析丁丁所处的环境，结果如图 2-11 所示。

其次，根据 SWOT 分析结果制定趋吉策略和避凶策略。

趋吉策略：面对"优势 + 机会"，利用杠杆效应

机会往往稍纵即逝，"优势 + 机会"相当于杠杆效应。丁丁可以运用自身的内部优势撬动外部机会，寻求更大的事业发展空间，找出适合从事的工作和不适合从事的工作，如表 2-6 所示。

优势（S）
- 思维活跃，求知欲强
- 人际关系好，沟通能力强
- 文学功底好，英语流利
- 对人热情，爱帮助人
- 执行能力强

劣势（W）
- 对数字不敏感
- 不擅长信息的收集、分析与处理
- 做事不够细致
- 缺乏实际管理经验

机会（O）
- 企业对人力资源很重视，对优秀的专业的人力资源管理人才的需求量较大

威胁（T）
- 名牌大学毕业和海外归来的人力资源管理人才越来越多，竞争日益激烈
- 企业对人力资源的专业性和职业化要求越来越高

图 2-11　用 SWOT 分析丁丁的处境

表 2-6　面对"优势＋机会"时，丁丁适合与不适合从事的工作

外部环境赋予的机会	职业优势	适合从事的工作	不适合从事的工作
从环境提供的机会来看，国内人力资源部门的角色正处于角色重塑时代，即从传统的人事职能向人力资源职能转移。企业对优秀的人力资源人才的需求量很大，人力资源职业发展前景光明。丁丁选择在人力资源领域发展，方向正确	丁丁思维活跃、英文流利、乐于学习、沟通能力强、待人真诚热情	丁丁适合从事创新类工作，建议他在人力资源专业领域寻找与创新相关的工作机会。比如，业务合作伙伴、培训发展专员、绩效激励专员和项目管理专员等工作	丁丁不适合从事精细化、精确度较高的工作。比如，工资、薪酬、福利的计算和管理，以及员工档案的整理和管理等工作

避凶策略：面对"劣势＋威胁"，规避不利因素

"劣势＋威胁"相当于抑制性，丁丁需要采取一些措施来促进内部劣势向优势方面转化，旨在适应外部机会，找出丁丁适合从事的工作和不适合从事的工作，如表 2-7 所示。

表2-7 面对"劣势+威胁"时,丁丁适合与不适合从事的工作

外部环境赋予的威胁	职业劣势	职业劣势造成的危害	需要提升的技能	适合从事的工作	不适合从事的工作
(1)国内人力资源的岗位竞争激烈,企业对人力资源的要求越来越高 (2)丁丁若不能在1~2年内提升自己的职业竞争优势,于他而言,随着岁数增长发展难度会更大	(1)丁丁不擅长数字化思考和分析,所以丁丁的逻辑思考能力、分析判断能力和决策能力较弱 (2)丁丁的精细化管理能力欠缺	(1)如果丁丁不能弥补自己的职业技能短板,那么未来成为人力资源管理者的可能性较小,因为丁丁欠缺的职业能力都是管理者必备的职业素质 (2)丁丁关注细节的能力不足,也会对他的升职产生不利影响。因为企业对一线管理岗位的基本要求就是要关注细节且对现场发生的问题了如指掌,应具备正确判断以及迅速采取措施的能力	(1)丁丁需要多用财务视角和管理视角来看问题,掌握管理会计的底层逻辑 (2)丁丁需要提升分析判断能力和逻辑思考能力 (3)丁丁需要提升关注细节的能力,多接受细节思考、细节管理方面的训练	丁丁目前适合从事与沟通相关的人力资源普通岗位	丁丁不具备合格的管理能力,暂时不适合做人力资源主管

第三步:明确职业愿景

制定企业战略规划的前提是建立企业愿景,愿景是指引企业前行的灯塔,也是制定企业战略规划的基础。同理,制定职业生涯规划的前提是建立个人职业愿景,职业愿景是个人希望自己将来成为什么样的人、走向何处以及取得何种地位。

职业愿景的建立有助于促进个人职业成长,照亮个人前行之路。

示例 2-4　为丁丁建立职业愿景，照亮前行之路

以丁丁为例，帮助丁丁建立职业愿景，帮他明确"我是谁，我想要什么"。

示例背景

丁丁不清楚自己未来能够走向何处，也不清楚自己未来能够成为什么样的人。

疑问：如何为丁丁建立职业愿景，照亮他的前进道路？

要想帮助丁丁建立清晰的职业愿景、提升他事业成功的成就感，首先需要帮助他重建自我认知系统，让他想明白"我是谁"。

于是，我列出"我想要什么？我能够做什么？我可以做什么？"这三个问题，让他对照问题清单进行自我思考和对话，重新认清自己的职业理想、个人价值、职业兴趣、职业能力、职业环境和机遇挑战等，如图 2-12 所示。这个过程至关重要，绝对不能省略。

通过自我认知之旅，丁丁建立了清晰的职业愿景，如图 2-13 所示。

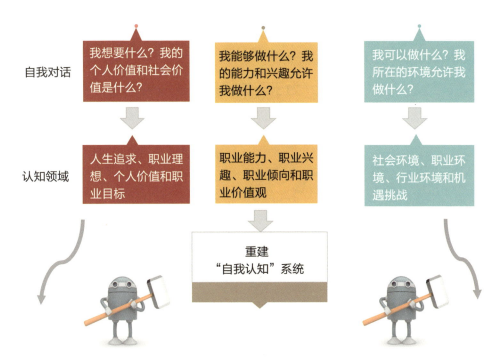

图 2-12　重建"自我认知"系统

图 2-13　丁丁的职业愿景

第四步：选择职业方向

选择比努力更重要。很多人事业发展不顺利并不是因为能力不足，而是入错了行，选择了不适合自己能力和兴趣的工作。正确的方向 + 正确的执行过程=好的结果。方向错了,再努力也无济于事。

示例 2-5　为丁丁选择匹配的职业路线

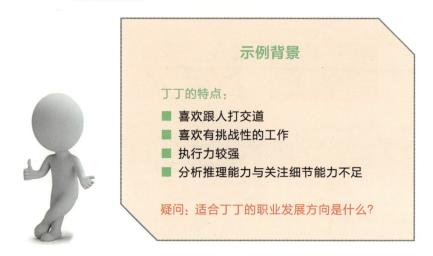

基于对丁丁的性格特征、职业兴趣和职业能力的分析和诊断,从大方向上看,丁丁适合从事人力资源工作。

具体来说,先进企业的人力资源部门有五种角色,如图 2-14 所示。

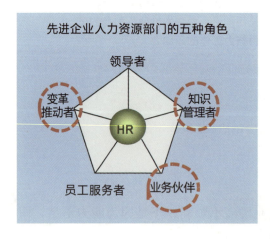
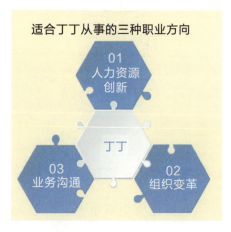

图 2-14　适合丁丁从事的职业发展方向

丁丁对其中的"业务伙伴""知识管理者"和"变革推动者"这三种角色有着浓厚的兴趣。如果丁丁在以上领域积累了很多实战经验，那么他将有可能成为企业的人力资源管理者。

职业发展方向一：从事与人力资源创新相关的工作

丁丁适合从事与人力资源创新相关的工作。比如，参与人力资源项目的开发、设计和管理。

支撑理由：这将符合丁丁喜欢变化、跟人打交道的性格特点，从事这类工作可以提升丁丁的洞察力、计划控制、组织协调、学习与创新能力，可为他后续转岗奠定坚实的基础。

职业发展方向二：从事与组织变革相关的工作

丁丁适合从事与组织变革相关的工作。比如，企业文化建设，能力素质模型的设计、开发与应用，绩效激励的设计与应用等。

支撑理由：这将符合丁丁执行力强、喜欢跟人打交道的职业特点，从事这类工作，不仅可以帮助丁丁掌握人力资源专业领域最有价值的职业技能和实战经验，还可以提升他的理性决策、分析推理、计划控制、组织协调和关注细节能力，可为他后续升职奠定坚实的基础。

职业发展方向三：从事与业务沟通相关的工作

丁丁适合从事与业务沟通相关的工作，所以"业务伙伴"是个不错的职业选择。

支撑理由：为业务创造价值是任何企业都极为重视的事情。如果丁丁能够成为"业务伙伴"，他将会获得更多的升职机会，甚至有转行做销售代表、市场分析员的机会，后者的奖金和佣金更高，可以缓解丁丁的财务压力。

第五步：确立职业目标

清晰的职业目标是制定职业生涯规划的核心。职业目标分为短期、中期和长期。

职业目标的制定需要遵从 SMART 原则，如图 2-15 所示。

- S（Specific）- 具体的
- M（Measurable）- 可衡量的
- A（Attainable）- 可实现的
- R（Relevant）- 相关性
- T（Time-bound）- 有时间限制的

图 2-15　SMART 原则

示例 2-6　为丁丁确立职业目标

示例背景

丁丁的职业愿景：

立志要成为一名受人尊敬的人力资源管理者，为我的家庭创造幸福生活，为我的公司创造人力资本价值，为我的员工提供努力工作的原动力。

疑问：如何确立丁丁中长期的职业目标？

结合丁丁的职业愿景、所处的环境、职场竞争优势和职业兴趣，为他确立未来 10 年的职业发展奋斗目标，如图 2-16 所示。

我的职业目标

- 在未来 5 年,成为某家知名大企业的人力资源经理,年薪达到 40 万元以上

- 在未来 10 年,成为某家受人尊敬的企业的人力资源总监或副总裁,成为该企业 CEO 的战略合作伙伴以及人力资源领域的学习标杆,负责组织优化、人才战略制定、企业文化建设与管理、干部评估与接班人计划,年薪达到 120 万元以上,享有股权或者期权

图 2-16　丁丁的中长期职业发展奋斗目标

第六步:绘制职业蓝图

绘制职业蓝图是指为个人绘制中长期的职业发展战略地图,需要包括分阶段的里程碑、转变路径和聚焦领域。

示例 2-7　为丁丁绘制职业发展战略地图

以丁丁为例,用管理会计思维为其规划未来 5~10 年的职业生涯发展蓝图。

示例背景

丁丁的职业目标:

- 在未来 5 年,成为大企业的人力资源经理,年薪达到 40 万元以上
- 在未来 10 年,成为大企业的人力资源一把手,年薪达到 120 万元以上,享有股权或者期权

疑问:丁丁如何实现从人力资源专员到人力资源总监的华丽转身?

未来10年，丁丁的职业发展战略地图，如图2-17所示。图2-17中显示了丁丁分阶段的职业目标、转变路径以及需要聚焦的能力和经验领域。

职位

10年后的丁丁：人力资源总监

转变路径：
- 扩充人脉
- 升高级经理
- 升总监

需要聚焦的能力和经验领域：
- 积累组织变革的经验
- 提升学习与创新的能力
- 提升逻辑思考的能力
- 提升全局观和决策能力

5年后的丁丁：人力资源经理

转变路径：
- 换工作
- 升主管
- 升经理

需要聚焦的能力和经验领域：
- 提升分析判断的能力
- 提升关注细节的能力
- 提升数据化思考的能力
- 积累专业经验
- 积累带团队的管理经验

今天的丁丁：人力资源专员

时间

图2-17　未来10年，丁丁的职业发展战略地图

未来10年，丁丁的职业发展路径可以分为两个阶段。

阶段一：在未来5年内，丁丁力争成为优秀的人力资源经理

（1）在未来5年内，丁丁的转变路径

① 换工作：现有的单位和工作性质已不再支撑丁丁的职业生涯发展规划，他需要去知名企业从事更专业的人力资源工作，深度积累专业知识和经验。

② 升主管：丁丁需要在 1~2 年内成长为优秀的人力资源主管，这会为其后续的升职奠定基础。

③ 升经理：丁丁需要在主管职位上积累 2~3 年的实战管理经验、资历和专业知识，并成为优秀企业的人力资源经理。这是衡量其第一阶段目标是否达成的一个重要标志。

（2）在未来 5 年内，丁丁应聚焦的能力领域

① 核心能力：丁丁需要尽快提升关注细节、分析判断和数据化思考这三项较弱但非常核心的能力，否则会对其后续的转岗或升职造成不利影响。

② 业务经验：丁丁需要尽快积累人力资源专业领域价值较高的业务经验，比如，项目管理、绩效管理、企业文化和培训发展等。

③ 管理经历：丁丁需要积累搭班子、带队伍的团队建设及管理经验。

④ 业绩为先：丁丁需要尽快更换工作单位，比如，去知名企业从事与创新、组织变革或业务沟通相关的工作，并且做出出色的业绩。

阶段二：在未来 10 年内，丁丁力争成为优秀的人力资源总监

（1）在未来 10 年内，丁丁的转变路径

① 扩充人脉：丁丁需要在人力资源经理岗位上积累经验、提升技能、拓宽人脉资源；职位越高，对人脉资源的要求就会越多。

② 升高级经理：丁丁需要在 2~3 年内成长为高级人力资源经理，这会为他成为人力资源总监奠定基础。

③ 升总监：丁丁需要在人力资源高级经理岗位上积累 3~4 年的工作经验，成长为人力资源总监。这是衡量其第二阶段目标是否达成的一个重要标志。

（2）在未来10年内，丁丁应聚焦的能力领域

① 核心能力：丁丁需要提升学习与创新能力、系统性逻辑分析能力、全局观和决策能力，为其成为优秀的高级管理者奠定坚实的能力基础。

② 战略经验：丁丁需要多从事与人力资源创新、组织变革相关的工作，主动参与企业的战略规划、部门的战略规划，积累战略规划和管理的实战经验。战略规划布局能力是企业高级管理者的必备能力，也是让其在高级管理领域脱颖而出的核心能力。

第七步：设计晋升路径

设计晋升路径是帮助个人实现职场华丽转身的关键步骤之一。

示例2-8 双重晋升路径图，是丁丁从小兵到高管的逆袭关键

丁丁若想成功地实现职业目标，需要设计晋升路径，这将有利于他及时把握生涯机会，帮他实现从职场小兵到高级管理者的华丽转身。

示例背景

丁丁的职业目标：从普通员工华丽转身为优秀企业的人力资源总监。

疑问：丁丁的职业晋升路径是什么？

丁丁目前的岗位是一名普通的人力资源专员，如果他想在未来10年内成为一家优秀企业的人力资源总监，根据他的职业特点，我从双保险的角度为他绘制了一张双重路径晋升图，帮他实现"由低到高"的转变，这也是他赢得职业成功的关键所在，如图2-18所示。

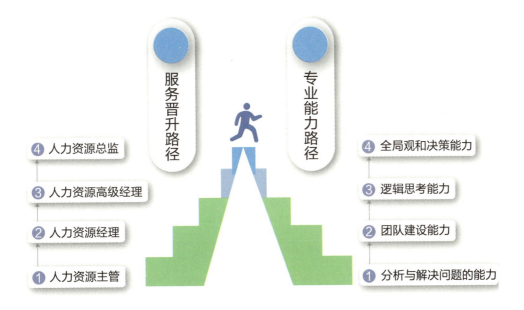

图2-18　丁丁的双重路径晋升图

在未来10年内，丁丁需要上升四级台阶：人力资源主管——人力资源经理——人力资源高级经理——人力资源总监。这四个不同层级的职位对应着不同的管理能力和技能要求。

（1）人力资源主管：要求具备分析问题、解决问题的能力。

（2）人力资源经理：要求具备团队建设的能力。

（3）人力资源高级经理：要求具备优秀的逻辑思考能力。

（4）人力资源总监：要求具备全局观和决策能力。

丁丁若想完成从普通员工到人力资源总监的跃迁，必须确保他的职业能力和技能在未来1~2年内达到第一层台阶"人力资源主管"的要求，在该位置上再积累2~3年实战经验后，达到第二层台阶"人力资源经理"的要求，以此类推，从而达到人力资源总监的胜任素质和技能要求。

第八步：编制收支预算

编制收支预算是指根据个人职业奋斗目标和职业生涯发展路径，为其配置必要预算和资源，包括有形的薪资收入、无形的价值回报、教育投资、形象投资、营养保健投资和必要的交际应酬费用等。

第九步：制定执行措施

制定执行措施是指根据个人职业奋斗目标和职业生涯发展路径，为个人设计行动路线，并对每一步骤的时间、顺序和方向做出合理安排。

以丁丁为例，在他采取行动的过程中，坚持使用"目标卡"来管理自己日常的行为，用它来检查每日的目标执行情况，坚持"今日事，今日毕"，并根据目标的执行效果做出适时调整。比如，当目标偏离轨道时，丁丁会及时采取纠偏措施；当环境因素出现变化和原定的职业规划不再符合实际需求时，丁丁会按照因地、因时及因人制宜的原则，对原有的规划进行调整或者补充。

丁丁的职业规划之旅结束了。丁丁非常兴奋，向我再三表达感谢之情，他不仅收获了10项成果（见表2-8），还学到了管理会计思维方式以及"珍珠链预算管理体系"的规划思路，他对未来充满了憧憬。他打算回家后好好温习，研究如何把管理会计思维和"珍珠链预算管理体系"应用在工作、学习和生活中。

表 2-8　丁丁收获的 10 项交付成果

序号	成果
1	一套中长期职业生涯发展规划
2	个人职业愿景
3	中长期职业发展目标，以及每一年的奋斗目标
4	职业发展领域
5	岗位选择方向
6	职业胜任能力体检报告
7	双重职业晋升路径图
8	职业发展战略地图
9	职业发展行动路线图
10	目标卡

丁丁离开前，我反复叮嘱他：回去后，你每天都要问自己这些问题：

- 我到底要的是什么？
- 我希望未来的人生是什么样子的？
- 在未来 5~10 年内，我希望自己成为什么样的人？
- 我今天是否离目标又近了一步？
- ……

坚持你的梦想，持之以恒地做下去，相信自己的命运一定会改变，这就是信仰的力量。更要学会用管理会计思维做好工作规划和生活规划，学会用数据思考问题，多增加看问题的视角。

期待丁丁接下来的变化……

第五节　用管理会计做职业规划的实践特点

一、用管理会计做职业规划对比常规职业规划

方向+过程=结果。好的结果，一定来自好的规划设计、正确的定位和有效的执行管理机制。 为了有效地规避职业规划过程中出现的各类问题，使用管理会计思维可以最大化地保障职业规划的科学性、有效性和严谨性。它跟常规职业规划有着本质区别，如表2-9所示。

表2-9　用管理会计做职业规划对比常规职业规划

采用方式	规划内容上的差异	表现形式上的差异	执行方法上的差异
常规职业规划	1. 职业规划内容不全面，规划的核心要素容易被遗漏 2. 职业目标描述较为模糊和笼统，目标设定缺乏依据和标准 3. 职业规划只关注职业方向、实施计划和步骤时间，对其他核心细节关注不足 4. 职业规划逻辑不严密，缺乏系统性且重点不突出	1. 职业规划使用过多的文字描述，形容程度和范围时多用较模糊的字眼，比如加强、提高和改进等 2. 由于缺乏可以量化的衡量标准和方法，所以难以对职业规划的工作成果进行衡量和评价	1. 职业规划不考虑职业目标设定的依据和具体操作步骤，这样容易导致职业规划实施难度大，在实践中会让职业规划跑偏 2. 没有将风险控制的概念贯穿于职业规划制定和执行的全过程中，导致落地性差

（续）

采用方式	规划内容上的差异	表现形式上的差异	执行方法上的差异
用管理会计做职业规划	1. 会用模型列出所有关键要素，职业规划全面、直观且重点突出，用管理会计思维做规划可以帮助规划者捋清思路 2. 职业目标描述清晰、具体且量化，目标设定有据可依 3. 职业规划不仅关注职业方向、实施计划和步骤时间，还会关注其他核心细节，比如对标管理、岗位选择、晋升路线、战略地图、预算配置、行动路线和目标卡等 4. 职业逻辑性强，重视过程推演，因果关系推导严密，因此职业规划落地性很强	1. 使用确切的数据及标准来描述工作成果，强调可衡量性和可执行性，在规划过程中使用多种数据、图表和管理工具 2. 对于职业规划中的各项工作成果，都会附上清晰的衡量指标和评价方法	1. 会仔细推敲职业目标设定的依据和具体操作步骤 2. 目标设定遵从SMART原则，将风险控制的概念贯穿于职业规划制定和执行的全过程中，所以职业规划方向更准确、目标制定过程更严谨

二、管理会计在职业规划中的七大核心作用

管理会计思维在丁丁的职业规划中发挥了七大核心作用，如表2-10所示。

表2-10 管理会计在丁丁职业规划中的七大核心作用

序号	核心作用	具体描述
1	预测	预测丁丁的职业前景
2	分析	分析环境带来的机遇和挑战
3	评价	评价丁丁过往3年的业绩完成情况
4	衡量	用SMART原则为丁丁设定职业目标，有利于后续衡量其职业奋斗目标是否实现
5	规划	计算丁丁职业规划落地所需的预算及其他资源，有利于丁丁合理规划资源的分配和管理

（续）

序号	核心作用	具体描述
6	控制	评估丁丁职业规划执行中的风险和挑战，通过制定行动路线来控制执行风险
7	决策	在丁丁的职业规划过程中，围绕其职业规划目标进行了7次最优决策： （1）对丁丁未来的职业发展领域与岗位选择方向进行了决策 （2）对丁丁是否需要跳槽一事进行了决策 （3）对丁丁是否需要提升能力素质进行了决策 （4）对丁丁未来的岗位晋升路线进行了决策 （5）对丁丁未来5年的职业奋斗目标、转变路径和聚焦领域进行了决策 （6）对丁丁未来10年的职业奋斗目标、转变路径和聚焦领域进行了决策 （7）对丁丁实现职业规划所需的预算等各项资源配置和行动路线进行了决策

人生如意，少不了"设计"。从丁丁的案例可以看到：管理会计既上得了厅堂又下得了厨房，只要掌握它的底层逻辑，每个普通人都可以用它的思维、工具和方法为个人、家庭和企业创造价值。

所以，拥有管理会计思维，可以练就直击本质的终生思考力，像丁丁一样实现人生跃迁。正如林语堂先生所说："人生就是一场盛大的宴会，怎么赴宴是你决定的。"

第3章

情景剧场：决策正确，才能遇见更好的自己

第 3 章 情景剧场：决策正确，才能遇见更好的自己 思维导图

精彩导读：工资最高就是工作最优吗？

- **第一节 面对三个 Offer，丁丁该如何选择**
  - 一、案例背景
    - 1. 丁丁的甜蜜烦恼
    - 2. 三个 Offer 的特点
    - 3. 丁丁的美好愿望
  - 二、案例问题测试
  - 三、由案例引发的三大疑问

- **第二节 丁丁为何会陷入"选择困难症"**
  - 1. 探索丁丁的决策风格
  - 2. 找出丁丁"选择困难症"的病灶

- **第三节 自制武器，为选 Offer 做足准备**
  - 一、寻找破局秘方
  - 二、自制秘密武器
    - 武器一：识别决定要素
    - 武器二：建立决策标准
    - 武器三：确定决策方法
    - 武器四：制定决策流程

- **第四节 用"六步法"帮丁丁选择 Offer**
  - 第一步：创公式
  - 第二步：建表格
  - 第三步：绘曲线
  - 第四步：配权重
  - 第五步：照镜子
    - 1. 判断三个 Offer 的行业前景
    - 2. 判断三个 Offer 的岗位价值
    - 3. 判断三个 Offer 的职业规划匹配度
    - 4. 判断谁是最值得跟随的上司
  - 第六步：做决策

第 3 章　情景剧场：决策正确，才能遇见更好的自己

内容概要

工资最高 ≠ 工作最优。Offer 选择不能凭感觉，更不能拍脑袋，需要采用像管理会计一样的科学方法进行系统性分析，才能做出最优决策；否则，Offer 选不好，入职如入坑。

本章以**"丁丁面对三个Offer不会选"**为背景，通过6大情景示例和28张彩色图表，从帮助丁丁建立决策标准的角度入手，明确职业发展方向，绘制职业生命曲线，创建Offer选择公式（即"工作利润"公式），建立"利润模型决策表"，用决策标准为Offer要素照镜子，最终通过比较利润得分选出最优Offer。

本章阐述了用管理会计"本量利"思维做决策的独特魅力，不仅可以透过现象找到Offer的本质价值，识别收益与成本、回报与风险之间的彼此关联，还可以帮助众多职场人士和大学毕业生形成科学有效的决策思维，领略管理会计思维创新应用的方式与方法，轻松应对工作和生活中的各种选择难题。

> **志英观点**
>
> 决策做不好将影响个人前途命运，Offer 选不好，入职如入坑。用管理会计思维进行 Offer 选择，可以帮助你构建科学有效的决策标准，透过现象找到 Offer 的本质价值，运用利润模型识别收益与成本、价值与风险之间的彼此关联，形成高效的决策思维，轻松面对工作与生活中的选择难题。

精彩导读

工资最高就是工作最优吗？

我们的人生轨迹是由每一次的决策绘制而成的。一次正确的决策可以改变一个人的生活轨迹；相反，一次不恰当的决策可能会毁掉一个人的未来。

知识链接

什么是决策？

决策是指为达到一定目标，从两种以上的可行方案中选择一个合理方案的分析判断过程。

最近，网络上有个"大学毕业生如何选 Offer"的帖子引发众多人的围观和热议，如图 3-1 所示。

示例 3-1　向左子弹短信，向右腾讯，你怎么选

图 3-1　网络帖子内容

假设你是该示例的主角，你会如何选择？估计多数人会毫不犹豫地选择 A，但这个选择对吗？

工资最高 = 工作最优？答案是不一定。很多人在做决策时，都会忽略决策带来的长期结果，从而造成人生的被动。**我的观点是：工资最高 ≠ 工作最优，只有最匹配的 Offer 才是最优的选择！**

如果用管理会计"本量利"思维来选择 Offer，在行业前景和企业前景都没问题的基础上，"工作利润"最高的 Offer 才是最优的选择。工作利润 =（工作收益 + 工作价值）-（固定成本 + 变动成本），如图 3-2 所示。

具体来说，假设选项 A 的工作要付出更多的成本和时间，在工作收益保持不变的前提下，选项 A 的变动成本会更高，而工作回报却远远低于选项 B，选项 A 还会是最优选择吗？况且选项 B 能够提供的不仅仅是薪资待遇，还有平台的魅力、广阔的行业视野和丰富的产品线等资源。所以，做决策时要综合考虑，不能只见树木不见森林。

利润 ＝ 收入 − 成本 − 费用
工作利润 ＝ 工作回报 − 工作付出
　　　　＝（工作收益＋工作价值）−（固定成本＋变动成本）

名词解释：
- 工作收益是指工资、奖金、各种津贴、福利、股票期权等。
- 工作价值是指晋升机会、技能成长和平台价值等。
- 成本是指时间成本、生活成本和家庭影响，包括固定成本和变动成本。
- 固定成本是指不会随着工作量增减而变动的成本。
- 变动成本是指随着工作量增减变动而成正比例变动的成本。

图 3-2 "工作利润"公式及名词解释

可见，Offer 选择不能凭感觉，更不能拍脑袋，需要采用像管理会计这样的科学方法进行系统性分析，才能做出最优决策。决策的过程就是分析问题与解决问题的过程。决策风险被列为重大风险级别，决策正确与否决定着个人、家庭以及企业的生死兴衰，由于决策失误导致家破人亡、公司破产清算的例子比比皆是！

管理会计与职业选择均是理论研究和社会关注的焦点。对于大学毕业生和研究生来说，人生面临的第一个重大抉择就是找工作。对于在职场摸爬滚打多年的人而言，也时常会有重新找工作的想法，混得不好的想另辟蹊径，混得好的想更上一层楼。所以，将管理会计与职业选择结合起来的实践应用意义重大，可以帮助众多职场人士和大学毕业生有效地提高决策能力，轻松应对人生中的选择难题，如图 3-3 所示。

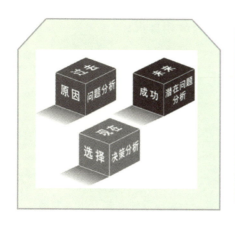

图 3-3　管理会计思维的好处

我们一起来看看国企人力资源专员丁丁在遇到人生选择难题时，他是如何运用管理会计思维选出最优 Offer，并实现人生跃迁的。

第一节　面对三个 Offer，丁丁该如何选择

一、案例背景

1. 丁丁的甜蜜烦恼

自从半年前用"珍珠链预算管理体系"为丁丁绘制职业生涯蓝图后，他就像变了一个人似的，白天努力工作，晚上刻苦学习，平时还踊跃参加各种人力资源论坛和交流活动，旨在尽快提升胜任能力，迅速扩充人脉资源。

某日，丁丁再次致电我，声音中充满了兴奋和喜悦：

邹老师，我最近面试了几家公司，其中有三家公司想跟我尽快签 Offer，简要情况如下（见图 3-4）：

Offer1：国有能源企业，月薪比现单位高 15%，普通员工岗位。

Offer2：民营节能环保公司，月薪比现单位高 25%，副经理岗位。

Offer3：中德合资医疗器械制造商，月薪比现单位高 5%，每年涨薪 8%，普通员工岗位。

假如是你，你会选择哪一个 Offer？

图 3-4　三个 Offer 的简要介绍

我感到既兴奋又纠结，每个 Offer 都有其特色和我想要的元素，可我担心自己选错了 Offer，后半生会留下遗憾。

您方便时，能否再帮我指点迷津？

2. 三个 Offer 的特点

在我与丁丁见面后，他拿着事先做好的表格为我介绍这三家公司的基本情况，如表 3-1 所示。

表 3-1 三家公司基本情况介绍

公司	基本情况介绍	丁丁的想法
Offer 1	国有企业的二级子公司，属于能源行业；工资水平比现单位高 15%，福利更丰富，年底会有奖金，金额不详；职位和工作内容跟现单位一样，升职空间较小	**优势**：平台大且知名，行业前景好；因工作内容与现单位相比无差异，丁丁能够驾轻就熟 **劣势**：升职空间小，不确定离职后再就业能力怎么样
Offer 2	民营企业，属于节能环保行业；公司处于创业阶段，业务发展迅速，需要员工经常出差与加班，对于个人迅速成长帮助很大；工资水平比现单位高 25%，福利待遇缺乏竞争性；公司愿意为丁丁提供人力资源副经理的职位，并承诺如期完成任务会为他发奖金，金额待定；公司准备 4 年后上市，未来可期	**优势**：工资和职位比较高，可以锻炼丁丁的带团队能力；公司一旦上市前景广阔 **劣势**：公司属于创业阶段，很多工作都要从零开始做，所以工作辛苦且福利不健全；公司能否成功上市存在不确定性
Offer 3	中德合资的医疗器械制造商，工厂设在江浙和广东；工资比现单位略高 5%，工资每年增长率为 8%，年底奖金根据个人绩效而定，约为月薪的 2~3 倍，如果个人表现不好，奖金有可能为零；职位虽然跟现单位一样，但工作范围更广泛，工作内容更有技术含量，工作挑战性也较大，领导也明确介绍了岗位的成长路径和晋升空间	**优势**：行业前景好，公司平台大且知名；能迅速提升职业胜任能力；职业晋升通道清晰且机会较多，可以拓宽国际化视野 **劣势**：固定的工资没有太大吸引力，挑战性较大；虽然有奖金，但奖金有很大的不确定性，完全看个人的绩效表现和领导的评估

这三家公司的公司规模、发展阶段、薪酬水平和岗位价值等各不相同，决策实属不易，如表 3-2 所示。

表 3-2 三个 Offer 与丁丁现单位做对比

公司	公司维度			行业维度		岗位维度				薪酬维度	升职空间
	企业性质	公司规模	公司知名度	发展阶段	所属行业	职位	工作内容	能力技能提升空间	再就业能力		
现单位	国有企业	中大型	大	成熟期	食品	人力资源专员，平级变动	事务性、重复性工作较多	小	中低	薪资福利一般，12个月月薪，每年的涨薪幅度小	小
Offer1	国有企业	大型	大	成熟期	能源	人力资源专员，平级变动	同上	小	中	12个月月薪，月薪比现单位高15%，福利大于现有水平；有奖金但金额不详；有各种津贴补助	小
Offer2	民营企业	小型	一般	创业期	节能环保	人力资源副经理，团队规模为1~2人	丁丁需要从无到有建立人力资源平台	中高	如果公司上市，丁丁再就业能力较高；如果公司未上市，丁丁再就业能力中等偏低	13个月月薪，月薪比现单位高25%，福利小于现有水平；有奖金但金额不详，取决于公司业绩和领导意愿	如果公司上市，丁丁个人事业发展前景较为广阔；如果公司未上市，个人发展空间受限
Offer3	中德合资	大型	大	快速增长期	医疗器械	人力资源专员，平级变动	丁丁可接触项目管理、绩效管理、组织建设和企业文化等专业领域的工作，可以学习德国企业先进成熟的人力资源知识和管理经验	高	高	15个月月薪，福利高5%，工作第2年，年薪比现有水平高出8%~15%；工作第3年，年薪比现有水平高出16%~30%；金视个人绩效表现而定，若达个人表现优秀，奖金可以达到月薪的3倍；年假丰富	大

3. 丁丁的美好愿望

丁丁的美好愿望，如图 3-5 所示。

① 迫切希望有人指点我如何选择最优 Offer。

② 迫切希望能够走出"选择恐惧症"，迅速提高决策能力，成为逻辑型的决策者。

图 3-5　丁丁的美好愿望

二、案例问题测试

如果你是丁丁，你会选择去哪家公司工作？请选择（　　）。

A. Offer 1　　　　B. Offer 2　　　　C. Offer 3

原因是（　　　　　　　）

三、由案例引发的三大疑问

在现实中，跟丁丁有着类似境遇的案例还有很多。

你一定好奇：

1. 选择 Offer 都有哪些秘诀？

2. 我为丁丁提出了哪些专业建议？

3. 丁丁最终选择了哪个 Offer？

第二节　丁丁为何会陷入"选择困难症"

一遇到决策就发懵的人，往往跟个人的性格特点、决策风格、思维方式和决策能力有关。决策能力是人最基本的生存能力之一。

以丁丁为例进行说明。

示例 3-2　用"破案思维"判断丁丁"选择困难症"的病因

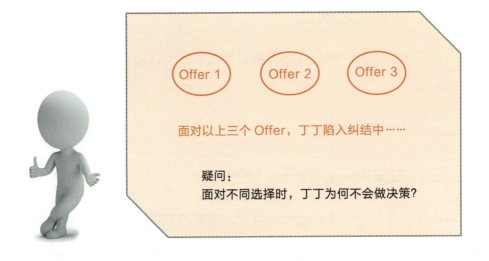

1. 探索丁丁的决策风格

丁丁为什么会纠结？通常来说，职业决策类型分为犹豫型、直觉型、顺从型和逻辑型。我们需要先搞清丁丁属于哪一种职业决策类型，如图 3-6 所示。

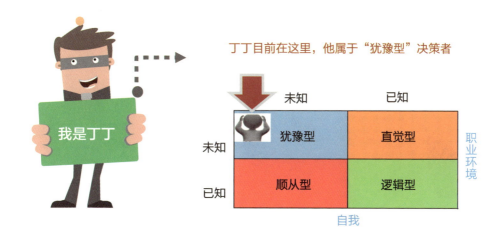

图 3-6 丁丁的职业决策类型

从图 3-6 中可以看出丁丁属于"犹豫型"决策者,他在面对三个 Offer 时会认为每一个 Offer 都有吸睛之处,担心选择其中一个 Offer,就会失去另外的机会。由于不具备理性分析利弊得失的能力,所以他迟迟做不出决策。

2. 找出丁丁"选择困难症"的病灶

在探索丁丁内心世界的过程中,我发现了丁丁不会做决策的四大病灶,如图 3-7 所示。

病灶一:缺全局观

丁丁看问题片面,他对"好工作"的认知是"好工作 = 高工资"。其实,他只看到了冰山一角——"薪资、职位和公司知名度",而忽略了行业前景、岗位价值、成长空间、工作挑战性、工作稳定性以及上司水平等,这些才是决定求职者职业寿命长度、宽度和幸福指数的要素。

图 3-7　导致丁丁不会做决策的四大病灶

病灶二：缺标准

丁丁缺乏清晰且明确的价值判断标准。标准如同一把标尺，可以帮他丈量 Offer 的价值。决策标准包括财务标准和非财务标准。财务标准围绕的中心思想就是性价比。

病灶三：缺信息

丁丁缺乏充足的关键信息，以帮他对行业、公司和岗位前景进行充分分析，筛选关键信息，支持决策选择。

病灶四：缺方法

丁丁缺乏科学的决策方法，以帮他运用标准做出正确的分析判断，轻松应对各种不同的决策场合。在做 Offer 选择时，丁丁要依据自身条件与职业目标、生命周期、岗位能力和企业文化的匹配度来做决定，因此，一定要先了解自己的需求和方向，了解自己到底适合去什么样的企业工作。

第三节　自制武器，为选 Offer 做足准备

一、寻找破局秘方

面对不同 Offer，你的选择标准是什么？你的决策方法又是什么？你是凭感觉选择工资最高的 Offer，还是通过严谨的方法和流程做出分析判断，以避免日后留下遗憾？

没有对行业、公司及岗位等方面进行详细对标和调研，没有对案例主人公进行准确职业定位以及职业生命周期分析，没有收集数据并进行量化对比分析，没有经过一个严密的流程来验证数据，我们无法确定对于主人公来说哪一个 Offer 才是最适合的选择。

要想做出一个客观合理的决定，就需要用到管理会计思维，分析 Offer 决策要素之间的彼此关联，评估企业的行业前景和岗位价值，建立科学且明确的决策标准，制定选择 Offer 的流程，识别 Offer 的收益、成本、价值和机会成本。这样做的目的是选出最匹配的 Offer，控制决策风险。用管理会计做出的理性决定会不同于用传统方式做出的判断。

于是，我为丁丁提供了移除痛点的破局秘方，如图 3-8 所示。

二、自制秘密武器

Offer 选择是人生的分水岭，Offer 选不好，入职如入坑。

在现实生活和工作中，由于很多人没有掌握充足的关键信息，没有找到有效的决策方法，没有确立清晰的决策标准，没有引入实用的决策

公式和模型，没有制定高效的决策流程，导致 Offer 决策失误、职业生涯走弯路。所以，选择 Offer 前要做好充足准备，备好秘密武器，如图 3-9 所示。

图 3-8　丁丁的痛点以及三大破局秘方

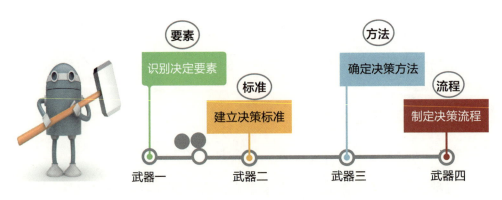

图 3-9　选择 Offer 的"四种秘密武器"

武器一：识别决定要素

换工作时，到底应该考虑哪些要素？是看工作收入高低，还是看企业平台大小？是权衡工作收益，还是分析价值回报与付出？除非你急等着用钱，否则不假思索地选择高工资的人可能只看到了"冰山结构"的表面部分，而忽略了"冰山结构"的潜在部分，如图3-10所示。露出水面的薪资、福利、职位、公司名气等要素往往是求职者比较关注的部分，而水面之下的行业前景、岗位价值、成长空间、工作挑战性以及上司能力水平等要素往往是最容易被求职者忽略的部分，但这些才是选择工作时应考虑的方面，因为它们决定了求职者职业弹跳的高度。所以，在选择Offer时，求职者考虑的要素一定要完整全面。

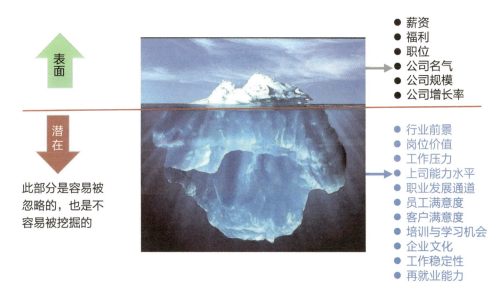

图3-10 从"冰山结构"看Offer选择的全部考虑要素

以丁丁为例，他在选择Offer前会去公司官网、天眼查、企查查、脉脉上对行业前景、企业前景、岗位价值、企业文化、员工满意度和核心高管的工作作风等要素进行充分调研，挖掘 Offer 的隐藏价值，做到知己知彼，这是做好 Offer 比对的基础工作，不能省略。只有手握关键信息，才能对照标准进行准确判断。

决定要素 1：薪资待遇

薪资待遇包括工资、奖金、津贴（节日津贴、生日津贴、培训费等）、各项补助（加班费、饭补、交通费、话费、出差补助等）、五险一金、商业保险、项目提成、股票期权、调薪频率和涨薪幅度等，如图 3-11 所示。

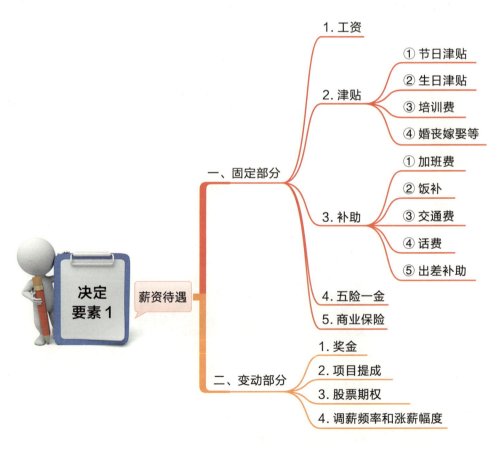

图 3-11 公司薪资待遇构成

决定要素2：行业前景

行业前景是指行业的发展趋势。求职者在选择Offer时，首先，要从宏观发展的视角去评估行业发展趋势和企业发展阶段，它们决定着职业发展的稳定性；其次，求职者还要考虑不同行业的市场容量及整体利润水平，它们直接影响着员工的工资水平、成长速度和发展空间。

对于求职者而言，行业前景是第一位的。比如，医疗医药行业、节能环保行业、能源行业、互联网行业，求职者在做决策时应该优先选择朝阳行业，不要被夕阳行业的短期高额回报所迷惑。

决定要素3：企业前景

企业前景是指企业未来的发展空间，它是由市场容量和企业自身的地位所决定的。企业前景取决于市场规模、客户数量、客户购买力、购买欲望、企业地位、年收益率、同赛道内的竞品数量以及差异化优势等因素。具体来说，企业前景包含的要素如图3-12所示。

企业前景好，意味着你每一次跳槽都会有更高的起点以及更好的身价。所以，选择正确的赛道十分重要，与前景乐观的企业一同成长如同坐上了火箭一般，保持高速前进的同时还少走了很多弯路。

决定要素4：岗位价值

岗位价值是指岗位在部门和企业中的生态位置，比如：

（1）该岗位所在的部门处于公司重要地位。

（2）该岗位属于部门中的核心岗位。

（3）该岗位的工作内容具有较高的技术含金量。

（4）该岗位能为个人带来明显的技能提升。

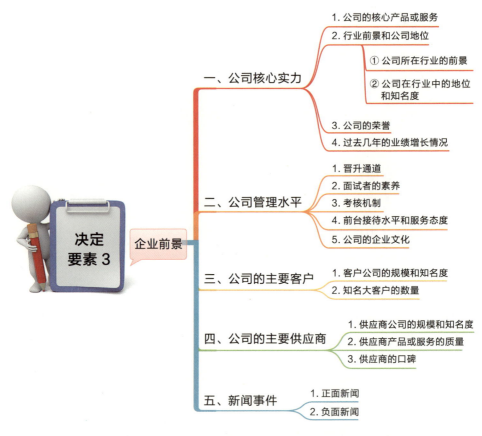

图 3-12　企业前景包含的要素

（5）该岗位在招聘市场很受欢迎。

（6）该岗位与高层领导和核心业务部门经常接触。

（7）该岗位的薪资增长幅度较大。

（8）该岗位的晋升空间较大。

决定要素5：成长空间

成长空间是指经验和技能的增长空间，以及职务晋升的机会。决策能力、思维方式、解决问题的能力以及职业化程度决定着求职者的成长空间和晋升速度。

有关数据显示:"感觉自己没成长"正在成为一个越来越普遍的跳槽理由,成长空间已经成为判断工作好坏最重要的标准之一,而且占比越来越大。

武器二:建立决策标准

决策之所以难做,是因为没有找到明确的衡量尺度和判断标准,不能为人们提供统一判断人、事和行为好坏的准则。所以,有了决策标准才能让 Offer 选择变得有据可依。

为了助力丁丁做出最优选择,我为其提供了一把"决策尺",上面设置了"十看"标准,可以用来判断 Offer 的行业前景、企业前景、薪资待遇、岗位价值以及人岗的匹配程度等,如表 3-3 所示。

表 3-3 用"决策尺"建立"十看"标准(© 邹志英)

序号	要素	选择标准
1	行业前景	(1)不选择夕阳行业 (2)优先选择朝阳行业,比如医疗医药行业、节能环保行业、能源行业和互联网行业等
2	公司前景	(1)不选择前景不好的企业 (2)好企业自带光环,所以要优先选择前景乐观的企业,比如科技含量高、商业模式吸引人、用户需求大以及服务卓越等
3	岗位价值	(1)不选边缘部门中的边缘岗位 (2)优先选择核心部门的核心岗位,以及在招聘市场受欢迎的岗位

（续）

序号	要素	选择标准
4	职业规划匹配度	选择与职业规划方向一致、与职业发展目标契合度高的工作机会
5	岗位兴趣度	选择自己喜欢的工作，因为兴趣最容易引导人做出斐然成绩，令人前进的原动力更大
6	人岗匹配度	优先选择与自己职业能力匹配的工作机会
7	升职空间	选择有升职潜力的工作机会
8	薪资福利	工资跟工作压力正相关，或者薪资涨幅在15%以上
9	直接上司的能力水平	选择能力强、职业化、有正义感、勇于担当的上司
10	企业文化	（1）不选山头林立、文化氛围不健康的企业 （2）优先选择学习型企业和以人为本的企业

有了这把"决策尺"，Offer决策就会变得更容易。它不仅可以帮助丁丁提升决策能力，走出"选择困难症"，还可以应用于项目管理、投资决策和生意选择等方面。

武器三：确定决策方法

只有确定决策方法，才能丈量Offer的价值，让决策变得更容易、更科学、更高效。

丁丁做决策的方法是，先根据职业生涯规划排除不符合规划的Offer，然后再进行优选。在进行优选的过程中，丁丁会将择业需要考虑的要素罗列出来，基于"工作利润"公式创建Offer决策框架表，将各个要素分别填入表中，用"决策尺"为每个Offer照镜子、打分，分值最高者视为最优选择。这样做可以化繁为简，把Offer选择的问题变成"比高低"的问题。再复杂的选择题都可以通过"比高低"来决定最优选择,如图 3-13 所示。

图 3-13　决策标准

武器四：制定决策流程

选择 Offer 前要制定决策流程，才能开启 Offer 选择之旅。严密的决策流程，可以最大化地保障 Offer 选择的科学性和严谨性，如图 3-14 所示。

图 3-14　Offer 选择的决策流程（© 邹志英）

第四节 用"六步法"帮丁丁选择 Offer

当你手握几个 Offer 时，首先应该先排除自己最不喜欢的那一个，其次就可以采用"六步法"开启选择 Offer 的征程。

以丁丁为例，在三个 Offer 中，他最喜欢 Offer 2——民营节能环保公司，其次是 Offer 3——中德合资医疗器械制造商，他最不喜欢的是 Offer 1——国有能源企业。但为了避免凭感觉做出错误选择，他决定使用"六步法"来选择 Offer。

第一步：创公式

为丁丁创建选择 Offer 的公式：工作利润 = 工作回报 – 工作付出。

其中，工作回报是指薪资待遇、升职机会、岗位价值和平台价值，工作付出是指成本、时间和家庭。

然后，根据丁丁的职业目标定位和细化工作利润公式。丁丁近 5 年的职业目标是"成为知名企业的优秀人力资源经理，年薪 40 万元以上"。于是，围绕着他的目标和兴趣，将其换工作时需要考虑的重要因素罗列出来：

（1）薪资待遇

（2）成长空间

（3）行业前景

（4）企业前景

（5）岗位价值

（6）人岗匹配度

（7）上司能力水平

（8）跟职业目标契合度

（9）企业文化

（10）工作稳定性

（11）通勤时间

（12）加班时间

（13）出差时间

（14）交通成本

（15）生活成本

（16）学习成本

丁丁根据以上要素进一步细化了工作利润公式。

工作利润 = 工作回报 − 工作付出

= （薪资待遇 + 升职机会 + 岗位价值 + 平台价值）−（成本 + 时间 + 家庭）

= （薪资待遇 + 成长空间 + 行业前景 + 企业前景 + 岗位价值 + 人岗匹配度 + 上司能力水平 + 跟职业目标契合度 + 企业文化 + 工作稳定性）−（通勤时间 + 加班时间 + 出差时间 + 交通成本 + 生活成本 + 学习成本）

第二步：建表格

根据丁丁细化后的工作利润公式建立"利润模型决策表"，如表3-4所示。

表 3-4 利润模型决策表

序号	考虑要素	所占权重	Offer 1 国有能源企业，二级子公司		Offer 2 民营节能环保公司，未上市		Offer 3 中德合资医疗器械制造商，工厂在外地	
			评分（1~5分）	加权分	评分（1~5分）	加权分	评分（1~5分）	加权分
工作回报（+分）		总分 100 分						
1	行业前景							
2	企业前景							
3	岗位价值							
4	薪资待遇							
5	成长空间							
6	人岗匹配度							
7	跟职业目标契合度							
8	上司能力水平							
9	企业文化							
10	工作稳定性							
	工作回报总分							
工作付出（-分）		总分 100 分						
1	通勤时间							
2	加班时间							
3	出差时间							
4	交通成本							
5	生活成本							
6	学习成本							
	工作付出总分							
	工作利润总分							

第三步：绘曲线

为丁丁绘制职业生命周期曲线图，依据其职业生命周期阶段特点确定决策目标。

通常情况下，个人的职业生命周期从 21 岁开始，横跨 6 大阶段，每个阶段都有其独特的特点，如表 3-5 所示。

表 3-5　职业生命周期的 6 大阶段及特点

序号	阶段特征	年龄段	阶段特点
阶段 1	进入职场阶段	21~24 岁	训练独立工作能力
阶段 2	成长积累阶段	25~34 岁	学习、积累职业技能，提高分析问题、解决问题的能力
阶段 3	提升阶段	35~40 岁	做出成就，成为单位的中坚力量
阶段 4	黄金阶段	41~50 岁	成为高管，继续发光发热
阶段 5	成熟阶段	51~65 岁	巩固成果，维持职场地位
阶段 6	退出阶段	66 岁及以上	修身养性，颐养天年

丁丁今年 27 岁，根据其年龄及职业特点，为他绘制一条职业生命周期曲线，如图 3-15 所示。

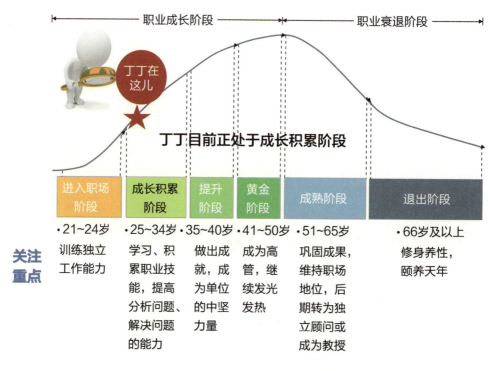

图 3-15　丁丁的职业生命周期曲线（© 邹志英）

丁丁目前正处于职业生命周期的第二阶段，这一阶段的重点不以赚钱为目的，而是要多掌握人力资源领域最前沿的知识、积累成功的实践经验、提升业务能力和管理能力。所以，成长积累是这一阶段最大的特色，也是丁丁换工作时需要考虑的关键因素，如表 3-6 所示。

表 3-6　丁丁现阶段需要聚焦的领域、内容和目的

序号	所处阶段	聚焦的领域	聚焦的内容	目的
1	成长积累阶段	专业知识	掌握前沿的人力资源管理知识，多参加论坛和活动，多听、多学习行业大咖们的经验	提升专业能力，扩展人脉资源
2		专业技能	努力工作，多参与项目管理、人力资源变革管理和创新管理工作，多积累人力资源专业实践经验，提升职业技能，为履历表增光	提升专业能力，增加升职机会

（续）

序号	所处阶段	聚焦的领域	聚焦的内容	目的
3	成长积累阶段	管理经验	多学习企业管理、管理会计、财务管理、团队建设等领域的知识，为日后晋升管理者打好坚实基础	提升决策能力、分析判断能力、解决问题能力、战略性思考能力及创新能力
4		跨界知识	多参加与管理、管理会计、投融资、财务管理相关的沙龙和论坛，多学习业务和产品知识，积累丰富的人脉	用多视角看问题，提升看问题的高度和深度，跳出人力资源看人力资源，拓展人脉资源
5		胜任能力	努力提升分析判断能力、决策能力、数字化思考能力以及关注细节能力	提升职场竞争实力

结论出来后，为下一步的 Offer 选择奠定了基调。也就是说，在三个 Offer 中，能让丁丁获得快速且持续成长的 Offer 就是最匹配的选择。因此，丁丁在换工作时需要优先考虑以下五大要素：

（1）行业前景

（2）企业前景

（3）岗位价值

（4）薪资待遇

（5）成长空间

第四步：配权重

根据重要性原则，将"利润模型决策表"中罗列的要素重新进行排序，从 1 到 10 为它们做排名，分配权重，分数越高代表这个要素越重要，如表 3-7 所示。

表 3-7 为 Offer 要素分配权重

序号	考虑要素	所占权重 1~10分	Offer 1 国有能源企业，二级子公司		Offer 2 民营节能环保公司，未上市		Offer 3 中德合资医疗器械制造商，工厂在外地	
			评分（1~5分）	加权分	评分（1~5分）	加权分	评分（1~5分）	加权分
工作回报（＋分）								
1	行业前景	10						
2	企业前景	9						
3	岗位价值	8						
4	薪资待遇	7						
5	成长空间	6						
6	人岗匹配度	4						
7	跟职业目标契合度	5						
8	上司能力水平	3						
9	企业文化	2						
10	工作稳定性	1						
	工作回报总分							
工作付出（－分）								
1	通勤时间	6						
2	加班时间	4						
3	出差时间	5						
4	交通成本	7						
5	生活成本	8						
6	学习成本	3						
	工作付出总分							
	工作利润总分							

第五步：照镜子

用决策标准逐一为考虑要素照镜子，目的是横向比较不同 Offer 的价值大小，为后续打分做好充足准备。这一步是整个选择 Offer 步骤中最重要的一步。

还是以丁丁为例进行说明。

1. 判断三个 Offer 的行业前景

丁丁用"决策尺"来判断在三个 Offer 中哪个行业前景最好。

示例 3-3 在三个 Offer 中哪个行业前景最好？

通常情况下，判断 Offer 的行业前景好坏可以从以下六个方面入手：

（1）该行业是否属于国家在大力推广的行业？如果是，优先考虑。

（2）该行业是否有很大的成长空间？如果是，优先考虑。

（3）该行业的用户需求是否足够大？如果是，优先考虑。

（4）该行业过往的涨薪比例如何？涨薪比例高，说明行业利润空间大，优先考虑。

（5）该行业毕业生起薪比例如何？起薪比例高，说明行业利润空间大，优先考虑。

（6）该行业是否属于夕阳行业？如果是，不考虑。

接下来，用以上六大标准逐一为每个 Offer 照镜子，结论是三个 Offer 的行业前景都不错，而 Offer1 是最好的，如表 3-8 所示。

表 3-8　三个 Offer 的行业前景排序

序号	行业前景关注领域	Offer 1 国有能源企业，二级子公司	Offer 2 民营节能环保公司，未上市	Offer 3 中德合资医疗器械制造商，工厂在外地
1	该行业是否属于国家在大力推广的行业？	✔	✔	✔
2	该行业是否有很大的成长空间？	✔	✔	✔
3	该行业的用户需求是否足够大？	✔	✔	✔
4	该行业过往的涨薪比例如何？	高	中等	中高
5	该行业毕业生起薪比例如何？	高	中等	中高
6	该行业是否属于夕阳行业？	✘	✘	✘
	行业前景综合排名	第一	第二	第三

注：在后续打分时，排名越靠前的 Offer 得到的分数越高。

2. 判断三个 Offer 的岗位价值

岗位价值决定了丁丁未来能够取得的成就，是创造丁丁未来美好前程的利润来源，它跟工作的内容、在公司和部门中的地位、接触的业务范围、学到的核心技能、增长的核心经验、在招聘市场受欢迎的程度等因素都有关。

丁丁用"决策尺"来判断在三个Offer中哪个岗位价值最大。

示例 3-4　在三个Offer中哪个岗位价值最大？

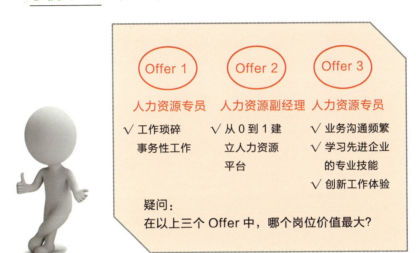

通常情况下，判断Offer岗位价值的大小可以从以下七个方面入手：

（1）该工作是否属于核心岗位？如果是，优先考虑。

（2）该工作内容是否包含较高技术含金量？如果是，优先考虑。

（3）该工作能否让个人获得较快的成长机会与技能提升？如果是，优先考虑。

（4）该工作与高层领导和核心业务部门是否有较多的接触机会？如果是，优先考虑。

（5）该工作在招聘市场是否较受欢迎？如果是，优先考虑。

（6）该工作薪资奖金上涨的空间是否较大？如果是，优先考虑。

（7）该工作职务晋升的空间是否较大？如果是，优先考虑。

接下来，用以上七大标准逐一为每个 Offer 照镜子，结论是三个 Offer 的岗位价值有所不同，Offer3 的岗位是最有发展前景的，如表 3-9 所示。

表 3-9　三个 Offer 的岗位价值排序

序号	岗位价值关注领域	Offer 1 国有能源企业，二级子公司	Offer 2 民营节能环保公司，未上市	Offer 3 中德合资医疗器械制造商，工厂在外地
1	该工作是否属于核心岗位？	✗	✓	✓
2	该工作内容是否包含较高技术含金量？	低	较高	高
3	该工作能否让个人获得较快的成长机会与技能提升？	✗	✓	✓
4	该工作与高层领导和核心业务部门是否有较多的接触机会？	少	多	多
5	该工作在招聘市场是否较受欢迎？	中低	中等	高
6	该工作薪资奖金上涨的空间是否较大？	低	中高	较高
7	该工作职务晋升的空间是否较大？	低	中高	高
	岗位价值综合排名	第三	第二	第一

3. 判断三个 Offer 的职业规划匹配度

好的 Offer 一定是与丁丁的职业规划目标保持一致的。丁丁用"决策尺"来判断在三个 Offer 中哪个职业规划匹配度最高。

示例 3-5　在三个 Offer 中哪个跟职业规划最匹配?

通常情况下,判断 Offer 跟职业规划的匹配度可以从以下三个方面入手:

(1) 明确丁丁的职业规划目标

半年前,我给丁丁做了一套完整的职业生涯发展规划。这里从中摘选了丁丁未来 5 年的职业目标、转变路径和聚焦领域,如图 3-16 所示。

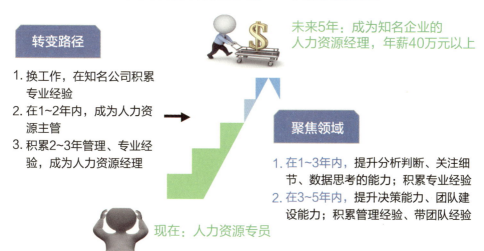

图 3-16　丁丁第一阶段的职业发展目标与路径

丁丁第一阶段的职业规划目标包括职业发展的战略目标、转变路径和聚焦领域。

① 战略目标

在未来 5 年内,成为知名企业的优秀人力资源经理,年薪 40 万元以上。

② 转变路径

换工作,并且在知名企业积累核心领域的专业工作经验。

③ 聚焦领域

- 在 1~3 年内,提升分析判断、关注细节、数据思考的能力。
- 积累专业经验:绩效管理、项目管理、企业文化、培训发展、组织变革、人力资源业务伙伴。

(2) 选取关键决定要素

根据丁丁未来 5 年的职业目标选取五大关键决定要素,依据重要性进行排序,**依次是行业前景、企业前景、岗位价值、薪资待遇和成长空间**。

(3) 比较 Offer 的契合度

在三个 Offer 中,丁丁反复分析、比对哪个能助他最快实现"在 5 年内成为优秀企业的人力资源经理"的职业目标,结论是 Offer3 与丁丁的职业发展规划契合度最高,如表 3-10 所示。

表 3-10　比较三个 Offer 的契合度

关注领域	Offer 1 国有能源企业，二级子公司	Offer 2 民营节能环保公司，未上市	Offer 3 中德合资医疗器械制造商，工厂在外地
跟职业发展规划的契合度	低	中高	高
综合排名	第三	第二	第一

4. 判断谁是最值得跟随的上司

很多职场人士换工作的原因不是因为工作辛苦或者薪资问题，而是因为与上司不合拍。好上司会与你分享经验、技巧、资源和人脉，当你遭遇困境时，他会与你风雨同舟；当他飞黄腾达时，他会提携你。所以，跟对上司很重要，他是你职场中的贵人。

如何找到值得跟随的上司呢？丁丁用"决策尺"来判断在三个 Offer 中如何选择对的上司。

示例 3-6　在三个 Offer 中，哪位上司最值得跟随？

在面试的过程中，求职者通过认真聆听和询问问题，可以观察直接上司的职业化程度和管理水平，从而判断该上司是否值得跟随。

（1）直接上司的职业化程度

在面试的过程中，丁丁会观察直接上司的职业化程度，从而判断自己能否跟着他学到职业化的做事方式。

（2）直接上司的管理风格

在面试的过程中，丁丁会观察直接上司的管理风格是粗放型、粗中有细型还是追求完美型？从而判断直接上司的管理细致程度。

（3）直接上司的处事方式

在面试的过程中，丁丁会观察直接上司处理问题的方式与方法，看看双方的风格是否对路。

（4）直接上司的胸襟为人

在面试的过程中，丁丁会观察直接上司的行事风格以及胸襟为人，从而判断他是否大度、包容。

接下来，用以上四大标准逐一为每个 Offer 照镜子，结论是三家公司上司的能力水平各不一样，**第三家公司的直接上司是最值得丁丁跟随的上司**，如表 3-11 所示。

表 3-11 最值得跟随的上司排序

关注领域	Offer 1	Offer 2	Offer 3
	国有能源企业，二级子公司	民营节能环保公司，未上市	中德合资医疗器械制造商，工厂在外地
最值得跟随的上司	低	中高	高
综合排名	第三	第二	第一

第六步：做决策

为"利润模型决策表"中罗列的每一个要素打分，求职者会根据自己对各个要素的重视程度为其赋予不同的加权，然后进行求和，从而计算出每个 Offer 的得分，这样便找到了符合目标的最优选择。

需要说明的是：求职者的决策目标不同，会导致对每个要素的重视程度不同，继而给予的权重和评分就会不同。在这个过程中，求职者要认真地审视自己的价值观，并做出理智的考量。

以丁丁为例，丁丁的决策目标早已锁定为**"实现个人工作经验的快速且持续成长"**，那么对这个目标能够做出越多贡献的因素，比如行业前景、岗位价值与成长空间，所打的分数就越高；相反，那些不能对这个目标进行直接贡献的要素，但在丁丁看来同样重要的东西，比如通勤时间、出差时间等，所打的分数就要低一些，如表 3-12 所示。

打分完毕进行求和计算，最终结果如下：

- Offer1 国有能源企业：工作利润 =163.5 分，排名第二。
- Offer2 民营环保企业：工作利润 =100 分，排名第三。
- Offer3 中德医疗企业：工作利润 =179.5 分，排名第一。

得分最高者为最优 Offer。对丁丁而言，"Offer3 中德合资医疗器械制造商"是最优选择，其次是"Offer1 国有能源企业"。一言以蔽之，丁丁用管理会计思维选择 Offer 得出的结论跟他的初始选择不完全一致。

选择 Offer 之旅结束了，丁丁兴奋极了，他不仅运用管理会计思维做出了最优 Offer 选择，还学到了一套体系化的决策思维方式，掌握了管理会计思维的创新应用方法，他打算把这套思维方式应用到他的新工作中。

静坐，为丁丁的美好生活祝福，同时期待他的下一个好消息……

表 3-12 三个 Offer 的工作利润得分

序号	考虑要素	所占权重 1~10分	Offer 1 国有能源企业，二级子公司		Offer 2 民营节能环保公司，未上市		Offer 3 中德合资医疗器械制造商，工厂在外地	
			评分（1~5分）	加权分	评分（1~5分）	加权分	评分（1~5分）	加权分
工作回报（+分）								
1	行业前景	10	5	50	4	40	4.5	45
2	企业前景	9	4.5	40.5	3.5	31.5	5	45
3	岗位价值	8	3	24	4	32	5	40
4	薪资待遇	7	4	28	4.5	31.5	3.5	24.5
5	成长空间	6	3	18	4	24	5	30
6	人岗匹配度	5	5	20	3	15	3.5	14
7	跟职业目标契合度	5	3	15	4	20	5	25
8	上司能力水平	3	3	9	4	12	5	15
9	企业文化	2	4	8	4.5	9	5	10
10	工作稳定性	1	5	5	3	3	4	4
	工作回报总分			217.5		215		252.5
工作付出（-分）								
1	通勤时间	6	2	12	3	18	2	12
2	加班时间	4	1	4	5	20	3	12
3	出差时间	5	1	5	4	20	2	10
4	交通成本	7	2	14	3	21	2	14
5	生活成本	8	2	16	3	24	2	16
6	学习成本	3	1	3	4	12	3	9
	工作付出总分			54		115		73
	工作利润总分			163.5		100		179.5

思维导图
内容概要

问题
思考

第三部分
企业实践

志英
观点

你有答案了吗？邀请你继续阅读

第 4 章

情景剧场：打响"攻坚战"，赋能业务增长和管理转型

第4章 情景剧场·打响"攻坚战",赋能业务增长和管理转型

第4章 思维导图

- 精彩导读:一段刻骨铭心的职业经历
- 第一节 管理会计为M集团(中国)创造了四种效益
- 第二节 M集团(中国)案例背景
  - 一、案例背景
  - 二、由案例引发的两大疑问
- 第三节 用管理会计为M集团(中国)破局
  - 一、破局建议:打响管理会计"攻坚战"
  - 二、实施管理会计遭遇的三大尴尬事
  - 三、成功实施管理会计需运用"三大策略"
- 第四节 打响管理会计"攻坚战"
  - 一、制订管理会计"攻坚战"作战地图
  - 二、战役一:确立"管理会计目标",以远见赢未来
  - 三、战役二:打造"经营预警机制",实现"由银到金"的转变
  - 四、战役三:以"战略型全面预算"驱动全员奔跑
  - 五、战役四:树立"五项军规",构筑风险防线
  - 六、战役五:实行"集中采购模式",驱动盈利增长
  - 七、战役六:推行"共享服务",驱动管理转型
  - 八、管理会计在M集团(中国)发挥的四大作用
- 第五节 M集团(中国)管理会计实践的五大特色
  1. 强调战略导向
  2. 强调闭环管理
  3. 强调精细化管理
  4. 强调融合性
  5. 强调创新思维

第4章 情景剧场：打响"攻坚战"，赋能业务增长和管理转型

内容概要

管理会计的应用和创新在国内"学界热、业界冷"的格局一直以来没有发生根本变化。其实，衡量管理会计的意义在于它能否为企业提升经济效益，它的实效价值远远大于讨论它的概念。

企业若想提质增效塑品牌，运用数字化进行转型升级，就要从提升管理会计的应用水平入手，让管理会计成为企业经营管理的通用语言。

在管理会计实践方面，M集团一直处于世界领先水平，尤其是在战略预算、战略成本管理、标杆管理、内控和风险管理、投资决策分析及流程建设等方面。

本章穿插了35张彩色图表，以M集团（中国）CEO对管理会计实践为公司带来的四大收益开篇，**介绍了我和我的团队是如何为公司打响六大管理会计实践"攻坚战"的**：

战役一：确立"管理会计目标"，以远见赢未来

战役二：打造"经营预警机制"，实现"由银到金"的转变

战役三：以"战略型全面预算"驱动全员奔跑

战役四：树立"五项军规"，构筑风险防线

战役五：实行"集中采购模式"，驱动盈利增长

战役六：推行"共享服务"，驱动管理转型

> **志英观点**
>
> 管理会计是企业的中枢神经系统,它主动赋能企业战略、业务和管理。M集团(中国)公司在面临艰巨的并购整合、复杂的管理变革及快速的业务增长等巨大挑战时,通过打响六大管理会计实践"攻坚战",促进业务高速增长,并成功地向管理要到了效益。这个实战案例再次证明:用好管理会计可以为企业挖潜能、添活力、增效益、提质量;用好管理会计,企业可以走"修身、兴企、报国"之路,造福社会。

精彩导读

一段刻骨铭心的职业经历

M集团是世界著名的制药及化工巨头,十多年前我在M集团担任中国区CFO兼采购、行政和IT负责人的那段流金岁月,是我职业生涯中最刻骨铭心的一段经历。我有幸遇到了我的人生"恩师"马丁·埃尔贝斯先生,他是一位极度自律、极度追求速度与质量、极富人格魅力的德国老板。在他的信任、欣赏与支持下,我带领我的团队将管理会计思维应用到公司内部价值链中,并取得了巨大收益。

M集团(中国)公司从供应商采购原材料开始,到给客户提供产成品及服务为止,中间会经历研发、设计、采购、生产、销售和服务等不同环节。在整个链条中,管理会计发挥了价值创造和价值提升的作用,极大地支撑了公司高速的业务增长,并且成功地向管理要到了效益,国内外多家主流媒体争相报道,如图4-1所示。我很荣幸能够在这本新书中介绍我们的六大管理会计实践"攻坚战"。

第 4 章 情景剧场：打响"攻坚战"，赋能业务增长和管理转型

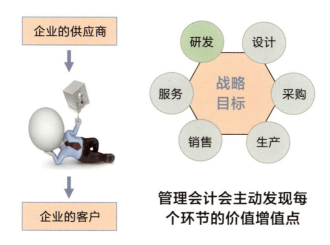

图 4-1 将管理会计思维应用在 M 集团（中国）公司的内部价值链中

第一节　管理会计为 M 集团（中国）创造了四种效益

M 集团中国制药有限公司［以下简称"M 集团（中国）"］CEO 马丁先生对 M 集团（中国）的管理会计实践给予了极高评价，如图 4-2 所示。

"M 集团（中国）公司的财务团队始终将企业愿景视为推动企业成功必不可少的因素，不断地应用创造性思维，用管理会计的思想和方法为管理层制定最优决策，促进公司战略落地，推动公司高速发展和管理转型。"

图 4-2 M 集团（中国）CEO 对管理会计的评价

马丁先生高度重视管理会计的实践，他认为在 M 集团（中国）打响的管理会计"攻坚战"十分成功，充分发挥了创造价值和提升价值的作用，为公司创造了四种效益，如表 4-1 所示。

表 4-1 管理会计为 M 集团（中国）创造的四种效益

关注要素	效益一	效益二	效益三	效益四
衡量的维度	客户维度	财务维度	业务维度	管理维度
管理会计为公司带来的收益	发生问题时，可以程序化地找到动因，快速定位到责任人及流程，提高客户满意度，降低客户投诉率	提升盈利和经营效率，降低公司风险，促进战略落地	帮助业务部门快速对市场做出反应，为业务添活力	帮助管理者做出最优决策，夯实管理基础，向管理要效益
管理会计发挥了哪些功能	分析、预测和评价功能	分析、控制、决策、规划和评价功能	分析和决策功能	分析、预测、控制、决策和规划功能

第二节　M 集团（中国）案例背景

一、案例背景

1. 公司面临的三大挑战

M 集团是世界著名的制药及化工巨头，创建于 1668 年，有着悠久的历史，迄今为止已经 354 岁。

M 集团的管理一向以精细化、体系化及规范化而著称。公司的全面预算管理、精细化管理、数字化建设、质量管理和项目管理一直都是国内外很多企业竞相学习的标杆之一。

我有幸在2006年加入M集团，成为中国区的CFO兼采购、行政及IT部门负责人，主管公司的财务管理、管理会计、审计、财务会计、采购、IT、行政和法务部门。我加入公司时适逢M集团在全球范围内进行大规模的并购整合，多项升级版的管理改革举措蓄势待发。

M集团（中国）作为集团全球四大战略重点发展区域之一备受海外总部关注。当时M集团（中国）面临三大挑战，如图4-3所示。

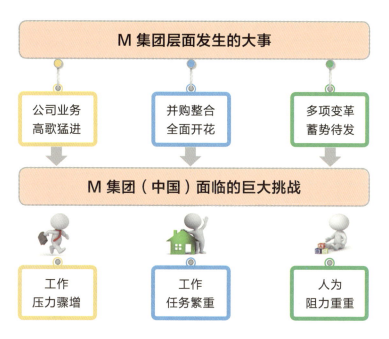

图4-3 M集团（中国）面临的三大挑战

挑战一：公司业务高歌猛进，导致工作压力骤增

M集团（中国）以往每年的业绩增速保持在30%~40%。从2006年年初开始，海外总部重新部署全球战略规划和产品布局，要求中国、澳大利亚和印度等分支机构每年的业绩增速必须保持在80%以上，这让M集团（中国）的管理团队感受到空前的压力。于是，全员进入紧急备战状态，

以迎接公司的跨越式发展。

挑战二：并购整合全面开花，导致工作任务繁重

M集团在2006年并购了一家著名的欧洲生物制药公司。于是，公司制定了为期365天的并购整合计划，并在全球范围内展开了紧锣密鼓的整合行动，工作任务繁重。

挑战三：多项变革蓄势待发，导致人为阻力重重

M集团的并购行为发生之后，公司的经营管理策略与模式也需要进行相应的调整，甚至发生颠覆性改变。因此，M集团需要进行多项管理变革，事关重要人事调整，面临多重阻力。

2. 财务的三大痛点

快速的业务增长、艰巨的并购整合和复杂的管理变革大大增加了公司财务管理的难度。财务部门面临着诸多痛点，其中有三点是痛中之痛，如图4-4所示。

图4-4　M集团（中国）财务部门的三大痛点

痛点一：跨越式发展加大财务管理难度

M集团（中国）制定的跨越式发展目标促使财务管理目标朝着多元化方向发展，财务部门在实际发展中需要根据自身特点制定相应的财务管理目标，这在无形之间加大了财务管理的难度。

为了适应公司的高速发展，顺利推动并购整合和多项管理变革举措，财务管理职能的重心必须尽快从核算型财务向战略经营型财务转移。然而，转型的艰难和痛苦只有经历过的人才会懂。

财务部门的痛点不仅涉及系统、制度与流程的巨大改变，还涉及人与文化之间的磨合、系统与平台之间的磨合、人与人之间的磨合、并购方与被并购方之间的磨合、中西方不同文化之间的磨合，以及新老员工之间的磨合。

痛点二：新老员工交替造成技术断层

财务部门管理转型成功与否和专业财务人才密切相关，而专业财务人才的产出数量和质量很大程度上来源于财务人才的专业技术积累和管理素质。专业技术积累离不开新老财务员工之间专业技术和实践经验的传承。从新老员工的现状来看，老员工和新员工的比例不协调，财务部门中有一小部分元老级的女员工处于怀孕待产状态，剩下的大部分员工都是新加入公司的，对公司历史、业务、产品及流程等均不熟悉，在短期内无法独当一面，因此，财务部门存在着严重的青黄不接、新老交替和技术断层等现象。

痛点三：ERP新旧系统切换造成手忙脚乱

财务部门正在进行新旧ERP（企业资源计划的简称）系统的切换，这意味着新系统的使用风险和操作难度较高，加之新老员工尚处在磨合期，新员工对公司的 ERP 系统不熟悉，因此，系统切换牵扯财务人员很多时间和精力，熬夜、加班更是家常便饭。

3. CEO 对 CFO 的严苛要求

在这个非常时期，我的老板马丁先生从角色定位和职责履行上对我提出了更高的要求。

（1）角色定位

CEO 认为，CFO 是掌管企业金钥匙的最佳人选，对企业未来的发展起着重要作用，必须要有全球化视野，懂战略、懂经营、懂管理。所以，马丁先生要求我必须成为一位具有国际化视野的战略型 CFO，成为他和业务部门的"军师"和"合作伙伴"。

（2）工作职责

马丁先生认为，有国际化视野的战略型 CFO 必须要有大局观并善于精细化管理，必须全方位、全过程地参与到公司的战略、业务及运营管理中去，要在公司的管理变革中展现卓越的领导力，分析问题、解决问题要系统化、逻辑化和职业化。

坦率地讲，马丁对我的严苛要求令我压力备增，我随时随地都能感受到自己肩上沉甸甸的担子。为了实现这些艰巨的任务，我必须在短期内高质高效地完成以下工作（如表 4-2 所示），并以实际行动证明公司选我做 CFO 的决定是正确的。

表 4-2　M 集团（中国）CFO 的短期工作清单

序号	完成时间	工作任务
1	2 天内	为 M 集团（中国）公司制订未来 5 年的企业战略发展规划，发送中国区 CEO 审批
2	1 周内	为 M 集团（中国）公司制订为期 365 天的财务、采购、行政及 IT 部门的并购整合计划，计算公司未来 5 年的协同效应，发送中国区 CEO 和德国总部审批
3	2 周内	为了降低并购整合风险，为 M 集团（中国）公司建立升级版的内部控制和风险管理体系，包括具体实施的政策和流程，发送中国区 CEO 审批，并完成对公司全员的培训
4	1 个月内	为 M 集团（中国）公司制订未来 5 年的财务管理战略规划，发送公司 CEO 和德国总部财务副总裁审批
5	2 个月内	去德国总部出差一周，与总部不同部门领导开会
6	2 个月内	从 0 到 1 为 M 集团（中国）公司组建经营分析团队、内控和风险管理团队、采购管理团队和 IT 团队
7	2 个月内	从 0 到 1 为 M 集团（中国）公司构建管理会计经营分析与预警体系
8	3 个月内	为 M 集团（中国）公司制订未来 5 年的 IT 战略规划，发送德国总部审批
9	3 个月内	为 M 集团（中国）公司制订未来 5 年的集中采购战略规划，设计采购体系及流程，发送德国总部审批

于是，我按部就班地开启了我的工作，在长达 3 年的时间里，过着每周工作 7 天、每天只有 2.5~4 小时睡眠的生活。

二、由案例引发的两大疑问

在现实中，与我们有着类似境遇的企业有很多。

你一定好奇：

1. M 集团（中国）找到了哪些破局方法？

2. M 集团（中国）是否达成所愿？

第三节 用管理会计为 M 集团（中国）破局

一、破局建议：打响管理会计"攻坚战"

管理会计为决策而生、为价值而战的特点，正好迎合了 M 集团（中国）的发展要求，它不仅可以帮助财务部门重塑角色，还可以帮助公司挖潜能、添活力、增效益、提质量。

为了支撑 M 集团（中国）公司高速的业务增长、艰巨的并购整合、复杂的管理变革及财务部门的角色转型，我决定引入管理会计的思想、方法和工具，让其主动赋能公司的战略、业务和管理，如图 4-5 所示。

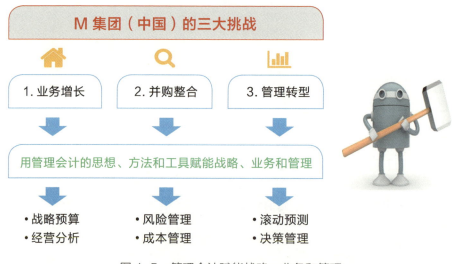

图 4-5　管理会计赋能战略、业务和管理

二、实施管理会计遭遇的三大尴尬事

实施管理会计是一项繁杂而浩大的工作，究竟该从何处入手？怎么做

才是最有效的？我们用方法论梳理了实施管理会计所面临的尴尬事，如图 4-6 所示。

图 4-6　实施管理会计面临的三大尴尬事

尴尬事一：财务部门处于弱势地位

跟多数企业一样，M 集团（中国）财务部门的员工也以女性为主，日常工作以核算、税务和控制成本为主。由于职业缘故，财务部门中的大多数人做事循规蹈矩，不敢越雷池一步。正是这种谨小慎微的处事方式令财务部门总是处于弱势地位。在这种情况下，由财务部门牵头推行管理会计难度更大。

尴尬事二：管理会计"人才荒"

管理会计重在面向企业战略和经营，履行分析、预测、决策、规划、控制和考核等职能。M 集团（中国）公司的跨越式发展和多项管理变革迫在眉睫，公司急缺善于提升企业效率的管理会计实战人才，而培养这类人才需要大量的时间和成本。在这种情况下，由财务部门牵头推行管理会计显得难度更大。

尴尬事三：管理会计职能薄弱

在推动业财融合的过程中，M集团（中国）公司财务部门员工对财务职能转型缺乏正确清晰的认识，部分人员由于对业财融合存在错误认知，产生了很多抵触情绪，导致业财融合的基础比较薄弱，影响了业财融合的广度和深度，难以充分发挥财务管理对业务部门的引领作用。此外，财务系统没有实现和业务系统的有效连接，导致两者的数据难以进行有效的互联互通。在这种情况下，由财务部门牵头推行管理会计难度更大。

三、成功实施管理会计需运用"三大策略"

根据我过往25年在不同企业实践管理会计的经验体会：不论是外资、合资还是内资企业，不论是上市企业还是非上市企业，不论是大型企业还是中小企业，要开展管理会计实践、进行管理转型都不是一件容易的事情。

在企业中推行管理会计实践时，往往会牵扯利益再分配等问题，无论"动谁的奶酪"都会遭遇巨大的挑战和反对。当公司内部"反对的力量＞赞成的力量"时，会让高层决策者压力骤增，最终导致变革创新的"流产"，这也是管理会计"学界热、业界冷"的原因之一。

为了避免"流产"现象，在企业正式实施管理会计前，一定要做好整体布局，就好比行军打仗，要先分析当前形势，做好通盘考虑，做好提前沟通，部署作战方案。为了顺利推行管理会计实践"攻坚战"，我制定了三大实施策略，并用它们为公司构造了一个适合管理会计落地和发展的环境，如图4-7所示。

第 4 章 情景剧场：打响"攻坚战"，赋能业务增长和管理转型

图 4-7 管理会计的三大实施策略

策略一：知己知彼

在 M 集团（中国）开展管理会计实践之前，为了打"有准备的仗"，我快速地对管理会计的应用环境做了一个初步扫描分析，如图 4-8 所示。

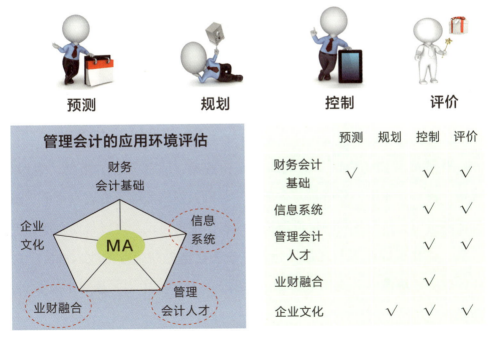

图 4-8 对 M 集团（中国）管理会计应用环境的分析评估

扫描分析结果显示如下：

（1）财务会计基础：基础尚可。

（2）信息系统：系统出现很多漏洞，但是可以修补。

（3）管理会计人才：人才匮乏，可以通过外部招聘和内部培养双渠道进行人才补充。

（4）业财融合：有很多改善空间，先要从经营分析入手。

（5）企业文化：文化比较健康，可以支撑财务部门实施管理会计。

策略二：沟通先行

成功实施管理会计前，需要跟"关键人士"做好沟通，取得他们的大力支持。"人"是最关键的成功要素。

如何用好"人"这一最关键的成功要素是门艺术。于是，我制订了一个针对性的沟通计划，跟我的老板、不同部门的负责人以及我的团队成员进行了深度沟通，取得了他们的理解、支持和承诺。

策略三：跑马圈地

管理会计无处不在，可以将其应用在M集团（中国）的内部价值链中，让它在这个链条中发挥价值创造和价值提升的作用。

根据M集团（中国）的战略选择和目标，通过分析、预测、规划、决策、控制和评价，分析每一个环节，可以识别出能够提升客户价值、降低成本费用、提升盈利的价值增长点。据此提出建议，可以帮助企业捕捉机遇、优化资源配置和规避风险点，最大化地提高企业的收入和降低企业的成本，从根本上提升M集团（中国）的核心竞争力，赢得永续发展，如表4-3所示。

表 4-3　管理会计在 M 集团（中国）内部价值链中的作用

序号	内部价值链中的不同环节	管理会计的价值
1	研发	分析产品的生命周期成本，控制研发风险
2	设计	分析产品的设计成本，确定产品目标成本
3	采购	分析供应链成本，优化供应链成本结构和管理效率
4	生产	分析生产成本，降低浪费，控制产品质量风险
5	销售	盈亏平衡，本量利分析，控制销售风险，设计盈利模式，预测收入增长空间，评价业绩好坏
6	服务	分析顾客的营利性，分析服务成本和回报，控制客户风险，制定顾客价值的核心指标评价体系
7	财务	做好分析、预测、计划、控制、评价和决策等工作，优化资源配置，提高资金使用效率，降低财务风险
8	人力资源	分析人力资本和人均效率，评价组织绩效，做好人才配置，降低人才使用风险
9	IT	分析 IT 成本和收益，做好 IT 资源配置和决策制定等工作，降低信息化管理风险

第四节　打响管理会计"攻坚战"

管理会计对企业降本增效、开源节流有很大意义，但推行管理会计却如同是一场没有硝烟的战争，而且是一项繁杂且浩大的工作。我深知这其中的艰难，但既然管理会计能够为企业提质增效塑品牌，那么再难也必须要打赢这场仗！

一、制订管理会计"攻坚战"作战地图

不打无准备之仗,在"行军"之前要先绘制"攻坚战"作战地图。我为 M 集团(中国)量体裁衣,制定了一套"管理会计实践路线图"。它的核心思想体现在"为决策生,为价值战"上,以项目管理的形式推进管理会计实践的"六大战役",如图 4-9 所示。

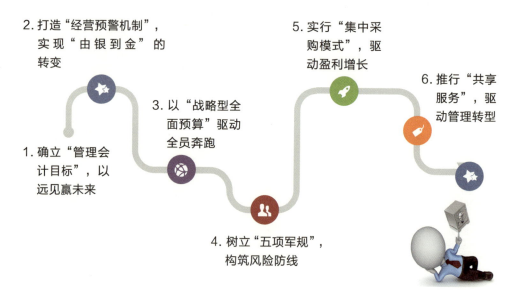

图 4-9　M 集团(中国)管理会计实践路线图(© 邹志英)

于是,管理会计实践"六大战役"正式打响。

二、战役一:确立"管理会计目标",以远见赢未来

企业的战略定位决定了企业前行的目标和方向。同样,管理会计的战略定位决定了管理会计实践的目标和方向,决定了管理会计实践过程中应该取什么、舍什么。

我为 M 集团（中国）确立了管理会计的战略定位，包括管理会计实践的使命、核心价值和战略目标等，如图 4-10 所示。

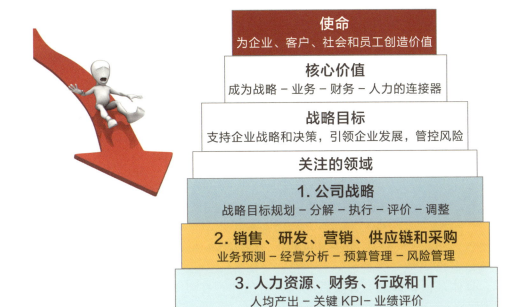

图 4-10　M 集团（中国）管理会计实践的战略定位（© 邹志英）

1. 管理会计实践的使命

M 集团（中国）管理会计实践的使命是为企业、客户、社会和员工创造价值。

2. 管理会计实践的核心价值

M 集团（中国）管理会计实践的核心价值是打通企业的任督二脉，

成为"战略–业务–财务–人力"四位一体、融合发展的连接器,如图4-11所示。

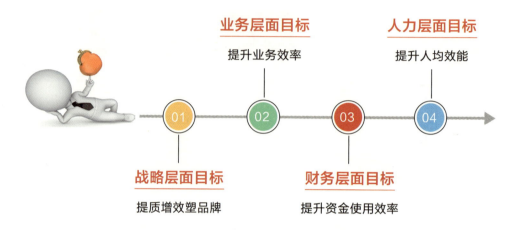

图4-11 M集团(中国)管理会计实践的核心价值

具体来说,管理会计实践的核心价值体现在以下四个方面:

- 战略层面:促进公司战略目标落地,提升公司盈利能力和核心竞争力。
- 业务层面:优化产品结构,扩大收入规模,提升业务效率,降低业务风险。
- 财务层面:优化资源配置,提升资金使用效率,降低财务风险。
- 人力层面:人尽其才,提高人均效能,降低人力资源风险。

3.管理会计实践的战略目标

M集团(中国)管理会计实践的战略目标如表4-4所示。

表4-4 M集团（中国）管理会计实践的五大战略目标

序号	管理会计的战略定位		
	维度	目标	管理会计履行的职责
1	战略	实现企业战略	量化企业战略目标，通过全面预算和风控管理助力战略落地
2	决策	制定最优决策	通过经营分析提供最佳的备选方案，运用本量利思维制定决策标准，提升决策能力
3	盈利	提升盈利水平	通过经营分析识别驱动因子，通过成本管理和全面预算优化盈利结构
4	业务	引导业务增长	设计商业模式，通过全面预算、滚动预测和经营分析快速推动业务增长
5	风险	降低公司风险	量化评估风险发生的概率和造成的预计损失，制定内部控制和风险管理的措施

目标一：实现企业战略

M集团（中国）管理会计实践的首要目标是帮助公司实现未来5年的战略目标，具体来说：

- 基于M集团的全球战略规划，为M集团（中国）制定未来5年的战略目标。
- 将M集团（中国）战略目标层层分解，落实到每一名员工的实际工作中。
- 计算实现M集团（中国）战略目标所需的人财物等资源，预估困难和挑战。
- 量化公司风险，评估风险出现的概率和损失，事先制定风险防范预案。
- 为M集团（中国）制定KPI分解树，做到"千斤重担有人挑，人人肩上有指标"。

目标二：制定最优决策

为 M 集团（中国）管理层的决策提供最优的备选方案，备选方案必须从多维视角切入，用数据、事实和案例说话，反映必要、有用的关联信息，提升有效决策数量，降低决策风险。

目标三：提升盈利水平

通过提升公司的客户满意度、股东满意度和员工满意度，从而提高 M 集团（中国）的整体盈利水平，建立高效流程，提高部门和员工的工作效率，实现公司价值提升的目标。

目标四：引领业务增长

通过发挥管理会计的分析、预测、评价和控制职能，为业务部门提出价值主张，引导业务做出更加合理、高效的决策，从而提升经营效率、引领业务快速发展。

目标五：降低公司风险

通过管理会计的专用工具和方法，为 M 集团（中国）建立风险识别和管理系统，全过程、全方位地识别公司中高级别及重大级别的决策风险、战略风险、财务风险、销售风险、客户风险、产品风险、质量风险、供应链风险、市场风险和合规风险。通过有效管控和加强培训，提高每一个岗位辨别风险的意识和能力，从而实现全方位降低公司风险的目标，支撑公司高速且安全的业务发展以及多项管理变革的顺利推进。

三、战役二：打造"经营预警机制"，实现"由银到金"的转变

企业目标制定之后，需要构建一个可以保障目标落地的执行体系。正

所谓"目标是银,执行是金",战略框架下的经营分析体系可以助力企业实现"由银到金"的转变。它有利于企业决策者通过总结经验,找出业务活动的内在规律,挖掘盈利潜力,以最小的风险和最佳的财务状况实现企业经济效益最大化。

1. 问题:拍脑袋做决策

随着 M 集团(中国)并购整合的深入开展、业务规模的不断扩大、市场竞争的不断加剧,公司管理干部们在经营和管理上遇到的挑战也不断加大。原来业务管理者靠直觉和经验做决策的风险不断增加,怎么保证决策制定的全面和准确?怎么保障业务部门快速响应市场?怎么做到科学且高效地分析问题和解决问题?

经过调研分析,我发现 M 集团(中国)存在决策目标不明确、指标定义不统一以及数据口径不一致等问题。这些问题导致业务部门和财务部门频繁发生争吵。比如,公司有很多报表和数据,由于重复提取数据,造成工作量大但实际效果却不好。有些业务管理者经常抱怨说:"公司上了 ERP 系统之后,能查询到的报表有 1000 多种,每月各部门提供给我的报表有 129 份。但是,看这些报表需要大量的时间,一旦数据太多,报表对我来说就毫无意义,我还不如凭感觉做决策。"

此外,业务部门和财务部门输入的数据不一致,无法统一,不知道谁说得有道理。比如,市场经理刚拿出一套数据说明新产品的推广策略有多么成功,新产品的销售率有多么好;财务经理却拿出另一套数据,证明并不像市场经理说得那么好,公司存在很多慢销品。那么,究竟该听谁的呢?于是让经营分析部门搞一套独立的报表,结果是成了第三套数据。所以,经常有人向老板提出质疑:"我的数据证明我做得很好,而你得出的数据却说我做得不好，究竟是什么原因呢？"

这个时候，M集团（中国）就希望有一套统一格式、统一数据口径、统一计算方式的经营分析报表，让大家能够在同一个数据平台上思考问题、解读数据。这套经营分析报表就像信号发射塔一样不断地发射无线电波，不断地强化公司的文化和经营理念，不断地传递管理层要求，通过它可以实时了解公司战略推行和业务发展的状况，能够衡量不同部门的行为和结果。

2. 行动：构建经营分析与预警体系

我们根据公司的文化理念、业务特点和绩效情况，为M集团（中国）从0到1构建了一整套符合公司特点和价值观的经营分析与预警体系。这套体系可以对公司实际经营结果与预期目标偏离的事项及时发出预警，管理者可以据此制订行动方案，并追踪落实，如图4-12所示。

M集团（中国）的经营分析与预警体系

- 为管理层提供更直观的、仪表盘式的关键数据展示
- 能够可视化展现目标任务的完成情况
- 能够定位到责任人、流程和时间点

图4-12　M集团（中国）的经营分析与预警体系

这套经营分析与预警体系被业务部门评为"全公司管控体系中的首位劳模",它包括:

(1)管理会计报告。

(2)经营驾驶舱。

(3)经营会议机制。

(4)预警线的设置规则。

(5)多维度业绩评价指标。

(6)关键动因价值树。

这套经营分析与预警体系可以针对公司内部使用人群的不同特点和需求,提供定制化的经营管理分析报告。具体来说,可以从产品、业务、客户、市场、项目、员工等维度入手,精准分析公司的销售能力、盈利能力、风险管理能力、资金流动能力以及跨部门合作效率等,帮助公司决策层精准制定最优决策,帮助业务管理者提升经营效率,帮助财务管理者优化资源配置、控制财务风险,帮助人力资源管理者合理配置人才、提高人均产能。

3.结果:五大收益

我们用这套体系精准分析公司的经营状况,精准定位公司运行过程中的问题并及时提出解决方案,支持管理层和业务部门的最佳决策,保证公司沿着正确的方向前行。

经营分析与预警体系在投入使用 6 个月后,得到了 M 集团(中国)和海外总部高管们的高度认可,大家一致认为它为公司的快速健康发展带来了巨大的价值,如图 4-13 所示。

图 4-13　经营分析与预警体系带给 M 集团（中国）的五大收益

四、战役三：以"战略型全面预算"驱动全员奔跑

企业如何确保发展方向正确？如何确保战略目标有效落地？如何确保资源分配合理高效？如何做到可持续健康发展？

以战略为导向的全面预算管理在企业管理控制体系中起着举足轻重的作用。它可以帮助管理者通盘思考企业内部和外部价值链上的价值点，充分调动各部门的积极性，确定产品的商业模式、管理模式、资本模式和市场策略，促成企业长期目标的最终实现，避免部门与部门之间、员工与员工之间的相互推诿。**它是推动企业实现"稳健经营、持续发展"的重要工具之一。**

股神巴菲特曾说过："中国多数企业都缺乏以战略为导向的全面预算。"所以，只意识到战略型全面预算的重要性是不够的，重要的是如何使它"为我所用"。

1. 问题：四面埋伏

M集团一直以来都非常重视全面预算管理。跟其他多数企业一样，M集团（中国）在其快速发展过程中经历了许多的"预算痛点"，如图4-14所示。

图4-14　M集团（中国）预算实践中的四面埋伏

预算痛点一：讨价还价

在预算目标确定的过程中，公司事业部和分子公司喜欢跟总部"讨价还价"，故意夸大预算完成的困难，尽可能地压低利润或收入目标，以获取尽可能多的资源配置和年终奖励。

预算痛点二：分析失准

公司财务忙于预算编制和汇总工作，财务管理者经常被淹没在海量的预算数据之中，无法抽出精力来分析预算的合理性，导致在预算执行的过程中矛盾重重。

预算痛点三：内容失察

预期目标很难实现，预算控制人员不清楚哪个环节出现了偏差，很难设计出有针对性的纠偏方案。当公司事业部及分（子）公司总经理看到预算目标难以完成时，就在财务报表上做文章，财务管理者和预算管理人员应该如何应对？

预算痛点四：执行失度

在费用预算执行的过程中，公司很多责任中心的实际成本费用支出已经超出预算额度，但业务领导仍然批准后续支出，这令财务人员左右为难。

预算执行控制人员有很多困惑，比如，当业务部门提出预算目标难以完成时，公司是否需要调整预算？公司该不该强调预算的刚性？公司对预算的严肃性与灵活性之间的度究竟应该如何把握？

2. 行动：建立战略型全面预算管理体系

战略决定生存，执行创造利润。我们在 M 集团（中国）原有的全面预算基础上建立了一整套战略型全面预算管理体系，如图 4-15 所示。

这套战略型全面预算管理体系以实现战略目标为导向，坚持"六要原则"，采取"五项举措"，以项目管理的方式来运作，引入 KPI 和 MBO（目标管理法），将公司决策层的战略规划、经营部门的业务计划、财务部门的资源获取与配置、人力资源部门的业绩考核和员工职业发展充分融为一体，并整合成 M 集团（中国）有效的核心管理模式，引导公司合理配置资源，提升盈利水平，促进业务快速增长，夯实管理基础，实现全员奔跑。

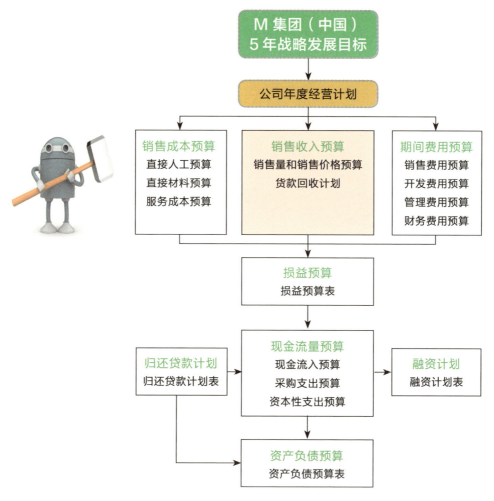

图 4-15　M 集团（中国）的战略型全面预算管理体系

（1）坚持"六要原则"

M 集团（中国）在推行以战略为导向的全面预算管理时，始终坚持"六要"原则：

①前提：得到公司"一把手"的承诺和高度支持。

②关键：得到公司高层管理者和重要骨干的高度支持和深度参与。

③起点：拿到真实、准确的财务数据和经营数据。

④基础：建立健全的预算组织和明确的责任划分。

⑤立足：制定完善的公司管理制度和预算管理流程。

⑥支撑：建立"奖勤罚懒、奖优罚劣"的激励机制。

我们按照"六要原则"，为M集团（中国）创造了一个适合全面预算落地和成长的实施环境。

（2）采取"五项举措"

M集团（中国）在推行以战略为导向的全面预算管理时，采取"五项举措"：

①建立以战略为导向的预算管理模式。

②设计资源分配流程。

③引入"指导人"计划。

④实行作业成本法。

⑤设计弹性预算。

3. 结果：五大收益

M集团（中国）实施战略型全面预算管理后，管理成果显著，如图4-16所示。

友情提示：有关全面预算的理论知识、实践做法和实操技巧，作者已在"世界500强CFO教你学管理会计系列丛书"之《玩转全面预算魔方（实例+图解版）（第2版）》（机械工业出版社出版）中做了详尽介绍。

图 4-16　战略型全面预算带给 M 集团（中国）的五大收益

五、战役四：树立"五项军规"，构筑风险防线

内部控制和风险管理是制药企业的经营核心，也是制药企业生产发展的重要环节。制药企业风险管理工作的好与坏，与其获利水平、资金利用效率、企业扩大再生产和人力资源计划等紧密相关，大而言之，会影响整个医疗市场的健康良性发展和医患关系。

相对于其他行业，制药企业内部控制和风险管理有着自己独特的行业特点。大部分医药企业资金回笼周期较长，应收账款压力较大，而且整个药品供应链体系常常面临着较大的质量风险和研发风险。此外，医药行业还具有产品毛利率高、市场营销费用较大的特点。这些特点在无形中加大了制药企业内部控制和风险管理的难度，同时给制药企业风控管理提出了一些特定要求。

1. 问题：三大"风控痛点"

通过调查，我发现M集团（中国）在内部控制和风险管理上存在三个方面的痛点，如图4-17所示。

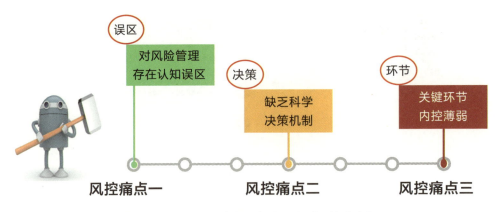

图4-17　M集团（中国）的三大"风控痛点"

风控痛点一：对风险管理存在认知误区

M集团（中国）一部分业务干部对内部控制和风险管理的重要性存在认知误区。这部分人认为，内部控制不仅束缚了自己的手脚，影响了办事效率，还占用了人员编制，增加了经营成本且不能创造效益。

风控痛点二：缺乏科学决策机制

企业最大的风险是决策风险，最直接的风险是资金管理风险。

M集团（中国）尚未建立科学决策和民主决策的内控机制，部分管理者会凭借个人意愿做出投资和管理决策，这样做很容易给企业带来无法估计的损失。

风控痛点三：关键环节内控薄弱

M集团（中国）的关键环节内部控制薄弱，主要体现在非生产型采购和应收账款等上。

①**内控空白点：集中采购**

非生产型采购始终处于"散兵游勇"的状态，由于内部阻力较大，公司尚未采用集中采购模式，内部控制相对来说比较薄弱，存在吃回扣的现象，采购成本改善空间很大。

②**内控薄弱点：应收账款**

由于客户信用缺失、应收账款管理方法陈旧等，导致 M 集团（中国）应收账款周转天数和金额不断攀升，公司直接面临着资金风险，而这类风险对制药企业而言是致命的。加之所有药品都有其有效保质期，一旦药品临近有效保质期，就会面临销毁或者被召回，企业的损失将会更大。

2. 行动：建立"五项军规"

我们为 M 集团（中国）确立了"五项军规"，目的是全方位构筑风险防线，管理、降低公司的中高风险业务，令公司不立于危墙之下，如图 4-18 所示。

军规一：时刻关注药品质量风险和研发创新

军规二：时刻关注企业的风险文化和意识

军规三：时刻关注"风险管理智能图"

军规四：时刻关注应收账款催缴工作

军规五：时刻关注 RDPAC 规则和营销费用管控

图 4-18　M 集团（中国）的"五项军规"

军规一：时刻关注药品质量风险和研发创新

首先，药品质量风险往往是制药企业面对的最大风险。药品作为一种特殊商品，治病救人是其最根本目的。一种药品从上市一直到后期患者使用，制药企业都要全程对它负责，这也使得制药企业相对于其他企业而言需要承担更大的社会责任。

推进全价值链精益管理，是制药企业控制药品质量风险的关键所在。所以，M集团高度重视药品的"立项－研发（药品研究、临床研究）－生产－营销－销售"全价值链管理，在每个关键节点上都会设置控制点、控制标准、控制人、工作职责及奖罚措施。公司对近效期药品管理把关十分严格，一旦药品临近过期日，公司会马上启动召回和销毁机制。

其次，医药行业是一个知识密集型行业，研发创新是药企的核心主题和持续生命力的根本保障。研发投入是衡量研发创新实力以及研发创新潜力的重要因素，也是影响医药研发产出的主要影响因素之一，而研发水平的高低则从根本上决定了整个产业的国际竞争力。M集团高度重视研发创新，其研发费用投入在全球药企中一直位列前三，大约占营业收入的25%。

军规二：时刻关注企业的风险文化和意识

收益与风险是共存的。

我们在全公司范围内树立正确的风险文化和意识。我们不会因为公司需要进行跨越式发展，就把内部控制和风险管理置之脑后；我们也不会因为公司需要扩大规模、提升盈利，就选择从事高风险的业务。

军规三：时刻关注"风险管理智能图"

我们为M集团（中国）建立了"风险管理智能图"，如图4-19所示。它可以全方位地监控公司的战略风险、质量风险、决策风险、采购风险、销售及市场风险、财务风险和法律风险等，帮助公司实现发展战略、提高经营的效率和效益，让管理者和员工学会"做正确的事"和"正确地做事"。

 对于 M 集团（中国）而言，公司规模越大，风险就越大，内部控制管理的损耗就越大

环境风险	竞争者 灾难性损失	敏感性 政治	股东关系 法律	资金充足性 行政管理	金融市场 行业
流程风险	**营运风险** 客户满意　人力资源 产品开发　效率 能力　　　表现差异 循环时间　资源 商品定价　过失或损失 符合性　　业务中断 健康和安全　环境 产品或服务失败 商标或产品名被侵犯		**授权风险** 领导力　权力 限制　　表现激励 沟通 **信息技术风险** 使用权　完整性　相关性　可得性　基础设施 **廉政风险** 管理欺诈　雇员欺诈 非法行为　无授权使用商誉		**财务风险** 资金　　盈利 流动性　利率 投资　　信用
决策信息风险	**营运** 价格　　合同 完整性和精确性 管理报告		**财务** 预算和计划　完整性和精确性 会计信息　　财务报告评价 税收　　　　养老基金 投资评估　　管理报告		**战略** 环境保护　业务组合 价值衡量　组织结构 资源配置　战略计划 生命周期

图 4-19　M 集团（中国）的风险管理智能图

军规四：时刻关注应收账款催缴工作

相比于其他行业，医药行业具有回款周期长、应收账款压力大等明显

特点，而且药品都有有效的使用周期。一般来讲，已卖给医院但药品有效期在半年之内，医院就会退回给医药公司。对于大部分医院来说，其资金流周期约为一年左右，所以医院常常在一年后才会付款。久而久之，就形成了制药企业应收账款周期长、资金占用压力大等现象，这是制药企业财务、风控和供应链部门最为头痛的问题。因此，M集团（中国）十分重视应收账款的催缴工作。

在中国，一般情况下制药企业不直接和医院打交道，其产品一般是先通过医药销售公司，最后流通到医院环节。因此，在这种模式下，我们会选择跟信誉好、现金流健康、有实力的医药销售公司合作，因为在现金流上它们可以给我们更多的缓冲时间。

在现金流管理方面，我们除了做好应收账款的催缴工作之外，还会高度重视资金预测工作。在资金使用上，公司财务部门会提前做好资金来源和资金运用的预测，以年、半年、季、月、周为单位，实时掌握资金来源和资金运用的具体情况。

军规五：时刻关注RDPAC⊖规则和营销费用管控

相比于其他行业，制药企业的市场营销费用较大。在医药市场营销的过程中，制药企业基本上都是以医药代表推销为主，医院和医生是其推销的主要场所和对象，药品推销费用一直是制药企业成本费用中最大的成本之一。所以，控制推销费用可以提升制药企业的利润水平。

除此之外，很多家外资制药企业与医疗卫生专业人士及医疗机构之间

⊖ 中国外商投资企业协会药品研制和开发行业委员会（RDPAC）是一个由44家具备研究开发能力的跨国制药企业组成的非营利组织，隶属于中国外商投资企业协会。

的医学互动交流活动以及药品的推广与销售行为会受《RDPAC行为准则》的约束。一旦外资制药企业没有很好地遵从《RDPAC行为准则》，它们不仅会受到严厉的财务处罚，还会陷入商业丑闻中，公司名誉会受到极大的影响。

因此，M集团（中国）更加重视营销费用的风险管理。在药品营销环节，我们会着重加强销售费用票据管理，对全员进行RDPAC培训，严格规范销售人员的行为规范，并将"遵守RDPAC行为规范"列入相关人员的月度绩效考核中，公司对违法违规行为采取零容忍态度，一经查出，必受严惩。

3. 结果：五大收益

建立"五项军规"后，M集团（中国）产生了五大积极变化，如图4-20所示。

"五项军规"带来的变化

- 形成了正确的风险文化
- 应收账款周转率提高
- 建立了集中采购模式，息税前利润提升了4.2%
- 形成了科学决策机制
- 管理水平显著提升

图4-20 "五项军规"带给M集团（中国）的五大收益

六、战役五:实行"集中采购模式",驱动盈利增长

采购是企业的第二利润源泉。在制造业企业中,采购成本占到企业总运营成本的50%~70%。如果能把采购成本降低10%,那么就意味着公司盈利上升了一大截。

所以,企业实行集中采购的好处自不待言,但实际中却常常是"干打雷,不下雨",难以真正在企业中开花结果。当前的经济形势不景气,企业高管想方设法进行开源节流,这正是集团企业实施集中采购、结束采购"散兵游勇"状态的好时机。

1. 问题:都是"散兵游勇"惹的祸

通过调查,我发现公司的采购处于"散兵游勇"的状态,采购管理存在的问题很多,主要体现在四个维度上,如表4-5所示。

表4-5 M集团(中国)的采购问题

序号	层面	采购问题
1	财务	采购价格普遍比市场上的平均价格高
2	合规	大部分采购事项的审批缺乏标准的文档支持,采购过程不透明
3	运营	(1)没有正式引入供应商筛选机制 (2)没有进行定期的供应商绩效评估、培训及管理 (3)合同的管理比较混乱
4	质量	(1)有些供应商不够职业化,提供的服务水平有限 (2)供应商与企业之间仅是一般的买卖关系,尚未形成战略合作共赢体

2. 行动:采用集中采购模式

M集团(中国)存在的采购问题不仅造成了公司运营成本居高不下,

还造成了不同程度的浪费和利润的"跑冒滴漏",实行集中采购势在必行。然而,在实施集中采购是一项十分艰难的工作,究竟该从何入手?节约又来自何处?

凡事预则立,不预则废。在采购中要拥有战略眼光,才可能获得突破性的成果。突破性的成果需要大胆的动作,而大胆的动作来自于精密周全的计划、坚定的决心与信念。首先要分析利弊,确定愿景,明确可交付的成果,制定行动策略。其次是沟通和落实。所以,准备的过程至关重要,不要图快,应图稳求实。

在对集中采购做完利弊分析后,我们决定先从"非生产型采购"入手,着重完成四件大事,如图4-21所示。

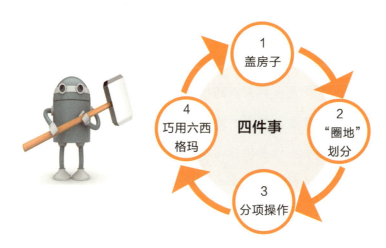

图4-21 集中采购的四件大事

第一件事:为集中采购"盖房子"

M集团(中国)集中采购运营体系的搭建如同盖房子,如图4-22所示。

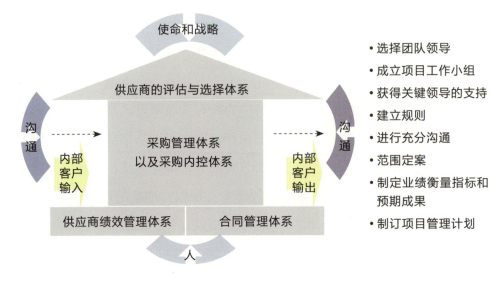

图 4-22 M 集团（中国）采购运营体系的搭建

- 房顶：代表供应商的评估与选择体系。
- 房子支柱：代表采购管理体系以及采购内控体系。
- 支柱左边：代表内部客户的输入。
- 支柱右边：代表内部客户的输出。
- 房子底部地基：代表供应商绩效管理体系和合同管理体系。
- 人：贯穿全过程的最重要的成功要素。

在设定集中采购目标的过程中，M 集团（中国）的实施团队采取了七项行动：

第一，识别内部客户的需求及环境。

第二，进行外部市场分析。

第三，设立项目工作小组，发挥多功能的团队协作效应。

第四，制定采购策略。

第五，确定供应商的选择标准和权重。

第六,同供应商谈判,做出最终的选择,报批管理层,协调及签订合同。

第七,评估与监督供应商的业绩,使其成为最佳合作伙伴。

在整个过程中需要大量标准的文档及适合企业特点的表格做支持。绝大多数的文档及表格都是在对内外部做了充分调查、分析的基础上设计的,这无疑是一项庞大的工程。

第二件事:"圈地"划分,逐层击破

有了体系框架,接下来就要"圈地"划分,梳理采购层次与顺序。按照以往惯例,M集团(中国)的管理改革基本上是由财务部门牵头做出模子,再局部试点,最后全面推广。所以,本次的集中采购,我们先从非生产型采购开始设计,然后再进行产品的集中采购。

非生产型采购涵盖了哪些范围?让我们按操作难易程度对采购范围做个划分,如图4-23所示。

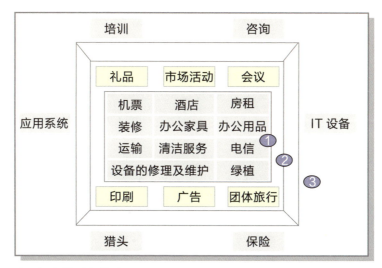

图4-23　非生产型采购的类别划分

第一圈是行政类采购，比如机票、酒店、房租、办公用品、装修、电话费、家具、运费、设备的修理及维护等，从操作的难易程度上看，这类采购的集中模式更容易建立。

第二圈是市场和销售类采购，比如市场活动、会议、团体旅行、礼品、印刷，包括大宗的公司介绍、产品介绍、公司宣传等，这类采购操作的难度比第一类要大。

第三圈是IT设备、人力资源培训等其他类采购，这类采购操作的难度又比第二类要大。

众多采购项目从何入手？我们的策略是先易后难，即先做行政类的集中采购，一旦做出成功案例，再去推进市场及销售类的集中采购。

第三件事：巧借东风，分项操作

集中采购的具体实施和操作仍然需要大量的分析和设计。我们将80/20原则应用到行政类的集中采购中，如图4-24所示。我们把总的行政类采购分成了A、B、C三大类：

- A类：在采购数量上占比为5%~10%，在采购金额上占比高达75%~80%，这类采购如果运作到位，可以为公司贡献更多的成本节约空间。

- B类：在采购数量上占比为20%~25%，在采购金额上占比为15%~20%；

- C类：虽然在采购数量上占比为70%~75%，但在采购金额上占比仅为5%~10%，这类采购即使运作到位，为公司贡献的成本节约空间也不大。

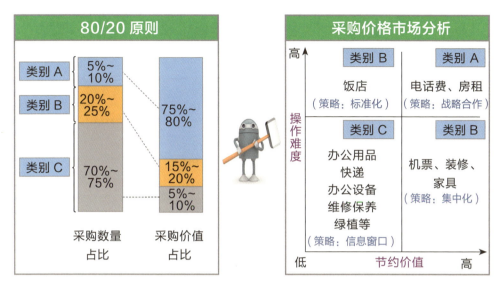

图4-24 根据80/20原则制定行政类集中采购节约策略

通过外部市场采购价格分析,不难看出诸如机票、装修、家具类的采购既省钱又易于操作。于是,我们就先从这部分入手,以此类推。

第四件事:巧用六个西格玛,做好采购管理

公司内部不同层面对采购的关注点不同,比如,财务部门会更加关注"性价比",审计会更加关注"合规性",管理层会更加关注"利润最大化",业务部门会更加关注"产品和服务的质量",不同的关注点使得采购管理变得异常复杂。为了让采购管理变得更加科学化、更合理地确定优先级别,我们将六个西格玛的理念巧妙地运用其中,具体操作如图4-25所示。

左边第一列为"内部关注点",第二列"优先级别评分"代表各项关注点的优先顺序。右边矩阵中按三个分值评分,其中1分代表很弱,5分代表中等,9分代表很强。依次打完分以后,分别加总每一项的分值,排序并选择其中三个分值最高的项,即操作过程中最重要的(如图4-25中的标黄项),进而明确先做这三方面的工作,并且要做精、做深。

不同层面的关注点

1. **财务层面：**
   性价比、成本控制、利润最大化、财务风险最低化、合规性
2. **内审内控层面：**
   流程的合规化、透明化、有无监督控制机构，整个过程是否被完整地记录下来
3. **管理层面：**
   成本控制最大化，利润最大化，企业的核心竞争优势
4. **内部客户层面：**
   产品及服务的质量是否满足业务需求

 如何设定

内部关注点	优先级别评分	制定供应商选择标准和权重	内部客户参与度	制定业绩衡量目标	全面沟通计划	采购政策及流程	采购过程的控制和管理	合同管理	供应商的绩效管理	供应商的关系维护	获得关键领导的支持
产品/服务的有效性	5	9	9	9	5	1	9	1	5	1	1
产品/服务的可靠性	5	9	9	9	5	1	9	1	5	1	1
服务的范围	4	5	5	5	5	1	5	5	5	9	1
服务的质量	5	9	9	9	9	1	9	5	9	9	9
服务的响应速度	4	5	5	5	9	1	9	5	9	9	9
价格水平	4	5	5	5	9	9	5	5	5	5	9
付款条件	4	5	5	5	9	9	1	9	5	5	9
业务合作伙伴	4	5	5	5	5	1	1	5	5	5	9
供应商的行为规范	4	5	5	5	5	5	5	1	9	1	1
采购风险最低化	4	5	5	5	5	5	5	1	1	1	5
合规性	5	9	9	9	9	5	9	5	1	5	9
		320	320	320	328	164	304	184	224	252	272

数字的含义：
9—强
5—中
1—弱

图 4-25　将六西格玛理念融于采购分析

有了详细明确的计划与操作步骤，采购团队就能按部就班地开展工作了。通过努力，截至 2008 年 4 月，行政类集中采购已为公司节省了近 150 万元。这个来之不易的成绩除了得益于实施团队的辛勤努力，与跟供应商建立起来的双赢合作伙伴关系也是分不开的。

需要强调的是，对于供应商的管理，在整个管理过程中都要避免舞弊行为，客观分析特别重要。比如，在给供应商打分的过程中，收集分值的工作应该至少由两个人负责，如果是一个人负责就有可能改分。

此外，为了跟供应商保持长期的双赢关系，我们非常重视对他们的激励，因为没有有效的激励机制就不可能维持良好的供应关系，而且在激励机制的设计上会体现公平、一致的原则。

3. 结果：四大收益

集中采购实施后效益显著，具体来说，我们的收益体现在四个方面，如图 4-26 所示。

"集中采购"带来的变化

- ✓ 采购成本降低了 1000 多万元，息税前利润提升了 4.2%
- ✓ 提升了客户满意度
- ✓ 运营效率大幅提升
- ✓ 公司和供应商形成了战略合作伙伴关系

图 4-26　集中采购带给 M 集团（中国）的四大收益

收益一：盈利管理

我们通过实施集中采购有效地降低了运营成本：在一年左右的时间里，采购成本降低了1000多万元（占总采购价值的6%），提升了息税前利润4.2%。

收益二：质量管理

企业集中采购的产品和服务满足了客户对品质、性能、服务质量的需求，极大地提升了客户满意度。

收益三：运营管理

在这场一年左右的"战争"中，我们从零搭建起了一系列运营管理体系（比如，供应商的评估与选择体系、供应商绩效管理体系、合同管理体系、采购管理体系和采购内控体系），使得集团的采购管理更加规范，极大地减少了浪费，提升了企业对外的形象。

收益四：关系管理

我们为M集团（中国）建立了一支训练有素的职业化的采购管理团队，与供应商的合作关系从原先的简单买卖发展成为战略合作伙伴关系，在企业、供应商和员工之间形成了战略多赢体。

七、战役六：推行"共享服务"，驱动管理转型

企业打造从"大象"到"跳蚤"的创新型组织模式，目的是以提升企业核心竞争力为前提，实现开源和节流的最大化。

1.问题：分散式管理导致监控薄弱

跟大多数企业类似，当M集团（中国）发展到一定阶段后，公司内

部先后出现了横向不协调、纵向较僵化的现象,表现为组织内部机构臃肿和沟通效率低下。由于公司不同部门之间边界不清楚,很多员工都处于"等、靠、要、推、拖、拉"的工作状态,尤其对于分(子)公司数量多、分布广的大中型企业集团来说,内部沟通、协调和运作更是一件让人头痛的事情。

2. 行动:推行"共享服务"

随着全球经济的一体化、监管政策的趋同、业务的快速扩张、市场的长期变好、信息技术的高度发展,为了更好地降本增效、支撑业务快速扩张,M集团(中国)通过建立"共享服务"促进公司内部管理变革,提高公司整体运作效率和管理水平,解决原来分散式管理模式下集团监控弱化、制度落实不力和执行力不强等问题,从而达到了利用规模效益削减成本的目的,如图4-27所示。

图4-27 M集团(中国)推行"共享服务"的五大目的

我们的"共享服务"是向内部关联公司提供多品种服务，服务范围涉及应收账款、应付账款、总账、税务筹划、内部控制和风险管理、预算管理、IT服务、非生产型采购服务、人力资源服务与行政服务等。

我们会按照每年年初跟关联公司达成的意向、约定的服务项目和服务标准进行收费，跟其签订"服务水平协议"，约定甲乙双方的权利和义务，保证执行过程的顺畅。

3. 结果：三大收益

在实行"共享服务"后，M集团（中国）产生了很多积极的变化。具体来说，我们的收益体现在三个方面，如图4-28所示。

"共享服务"带来的变化

✓ 职能部门从成本中心变成了利润中心

✓ 公司利润率、资金周转率等重要指标名列行业榜首

✓ 组织管理效率大幅提升，人均效率提升了25%

图4-28 "共享服务"带给M集团（中国）的三大收益

（1）财务收益

公司职能管理部门（比如，财务、行政、IT、人力、采购、审计等）从"成本中心"成功转变为"利润中心"。

在公司实施"共享服务"的第一年职能管理部门挣了400多万元净

利，第二年挣了1000多万元净利，这对于公司而言是一次成功的管理创新，具有里程碑般的意义。而且还极大地提升了职能管理部门在全公司的话语权和地位，由此可以看出"挣钱才是硬道理"。

从成本节约来讲，总部通过规模实现了总成本的降低，分（子）公司及关联单位通过减少设立平台组织及人员，极大地降低了它们的管理成本。

（2）行业地位

在实施"共享服务"后，管理会计在M集团（中国）的生产经营链条上发挥了独特的价值创造作用，结果是公司利润率、资金周转率等重要财务指标在同行业中名列榜首，在业内树立了优秀的口碑。

（3）管理收益

在实施"共享服务"后，M集团（中国）的管理效率和管理水平得到了极大的提升，人均效率提升了25%。

以费用报销为例，在M集团（中国）实施"共享服务"前，针对不同关联公司、事业部和业务部门，没有标准化的单据、流程执行标准不一致等问题导致业务部门和财务部门之间频繁地发生冲突。在实施"共享服务"后，我们建立了标准化的单据及流程，以统一的接口和界面提供标准化的服务，极大地提升了业务部门的满意度，从而促进了业务效率的同步提升。

除此之外，公司的财务风险和舞弊风险也得到了有效的控制。

八、管理会计在M集团（中国）发挥的四大作用

管理会计是企业创造价值、提升价值的助推器，它为M集团（中国）带来了巨大的价值和收益，如图4-29所示。

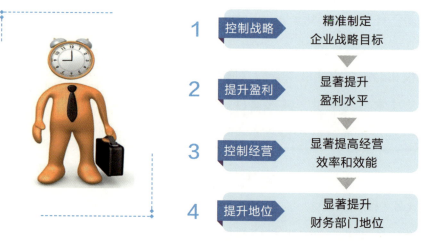

图 4-29　管理会计在 M 集团（中国）发挥的四大作用

1. 控制战略

管理会计实践"攻坚战"帮助 M 集团（中国）精准定位企业战略目标。在战略目标的制定、实施、评价和调整的过程中，管理会计发挥了重要的带头作用。

2. 提升盈利

通过管理会计实践"攻坚战"，M 集团（中国）的整体盈利水平得到了显著提高。在仅一年的时间里，息税前利润就提升了 4.2%。

3. 控制经营

管理会计实践"攻坚战"显著地提升了 M 集团（中国）的经营效率和管理水平，人均效率提升了 25%。

4. 提升地位

通过管理会计实践"攻坚战"，财务部门在一年的时间内从弱势部门变成了全公司最优秀的部门,从"成本中心"成功转变为"利润中心",赢得了海外总部、CEO马丁先生和业务部门的尊重和认可。可以说,这是一次成功的管理会计实践,具有里程碑般的意义。

第五节　M集团(中国)管理会计实践的五大特色

M集团(中国)管理会计实践有五大特色,如图4-30所示。

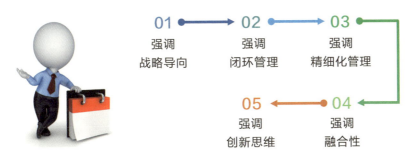

图4-30　M集团(中国)管理会计实践的五大特色

1. 强调战略导向

我们在M集团(中国)推行管理会计实践时,始终以战略目标和价值创造为导向,深入研究管理会计理论框架,打造"上接战略、中接业务、下接绩效"的管理会计运营体系,建立业财融合平台(信息流)、集中采购平台(物流)、共享服务平台(人流)和资金管理平台(资金流),确保信息流、物流、人流、资金流的良好运转。

2. 强调闭环管理

我们在M集团(中国)推行管理会计实践时,始终关注PDCA循环,即计划（Plan）- 执行（Do）- 检查（Check）- 调整（Action），确保事事有目标、事事有承诺、事事有成效、事事不推诿、事事有人盯和事事有考核。

3. 强调精细化管理

工匠精神讲究的是严谨、专注、执着、精益求精和一丝不苟。管理会计专注于提升企业内部绩效，而利润是企业永续之本，融入工匠精神的管理会计可以对企业未来盈利的实现情况进行科学地预测和规划，并紧紧盯住公司内部价值链上的每一个薄弱点、空白点和盲点，确保战略目标落地，赢得永续发展。

我们在 M 集团（中国）推行管理会计实践时，始终将工匠精神融入管理会计中，通过经营分析，找出影响利润变化的驱动因子，据此制订整改行动方案（包括改善方向、改善目标、行动计划、责任人和时间点等）。

4. 强调融合性

管理会计的核心思想体现在"战略 - 业务 - 财务 - 人力"四位一体、融合发展上。我们在 M 集团（中国）推行管理会计实践时，始终将公司决策层面的战略规划、经营层面的业务计划、财务层面的资源配置和风险管理、人力资源层面的绩效管理和员工职业发展有机地融合在一起，确保"上下同欲者胜"。

5. 强调创新思维

我们在 M 集团（中国）推行管理会计实践时，不断地将创新思维应用在创建或者改良管理会计的工具和方法上，这些工具和方法对公司的快速发展和管理变革起到了很大的促进作用。

第5章

情景剧场：中化集团和日航的管理会计实践

第 5 章 思维导图

第 5 章 情景剧场：中化集团和日航的管理会计实践

- 精彩导读：从管理会计的核心思想说起
- 第一节 中化集团用管理会计驱动企业进步
  - 一、从一句名言谈起
  - 二、中化集团案例背景
  - 三、中化集团管理会计的三项实践行动
    - 关键行动一：造文化
    - 关键行动二：搭班子
    - 关键行动三：建体系
  - 四、中化集团管理会计的实践成果
- 第二节 稻盛和夫用管理会计挽救日航的奇迹
  - 一、从稻盛和夫挽救日航一事谈起
  - 二、日航案例背景介绍
  - 三、实施管理会计前，日航存在的问题
    - 问题一：运营成本高
    - 问题二：财务管理落后
    - 问题三：企业管理粗线条
    - 问题四：责任划分不清
    - 问题五：官僚作风严重
  - 四、挽救日航的两大秘诀
    - 秘诀一：建立"利他"经营哲学
    - 秘诀二：导入"阿米巴"管理会计
  - 五、挽救日航的具体措施
    - 措施一：推进日航的意识改革
    - 措施二：明确日航的企业目的
    - 措施三：导入管理会计系统
  - 六、实施管理会计后，日航的变化

第5章　情景剧场：中化集团和日航的管理会计实践

内容概要

企业经营的本质是为了获取持续且稳定的盈利。管理会计的核心思想是识别企业利润区，帮助企业管理者做出科学、高效、合理的决策。

知易行难，能够为所供职的企业创造商业奇迹，深刻地认识到管理会计的重要性，并亲身参与实践、用它来引领企业一路前行的企业家令人敬仰。本章围绕着中化集团掌门人说的一句名言和日航掌门人做的一件名事展开，穿插了20张彩色图表，向读者展示了"真正的管理会计会变成一种驱动企业进步的正向力量，而不仅仅是作为一种管理手段"。

人人都需要的管理会计思维

志英观点

我非常欣赏且赞同中化集团掌门人宁高宁先生的一句名言:"管理会计的规则应该成为企业的常识和文化。"

管理会计不仅与管理学、会计学有关联,而且它的知识内涵还囊括了统计学、经济学、组织行为学和哲学。做好管理会计的应用,还需要深入了解企业的战略和业务,学习法律和金融知识。

精彩导读

从管理会计的核心思想说起

企业经营的本质是为了获取持续且稳定的盈利。管理会计不同于传统的财务会计,它的核心思想始终围绕着企业赚不赚钱、如何赚钱以及赚多少钱这三个中心来提出价值主张。通过分析、评价、预测、激励和控制等手段识别企业的利润区,针对亏损和盈利差的业务、产品、项目和区域提出管理改善建议,帮助企业管理者做出科学、高效、合理的决策,如图5-1所示。

实践出真知,能够深刻地认识到管理会计的价值并将它用于引领企业前行的实践者是令人敬仰的。在这些人中,我最钦佩的三位管理会计实践者是通用电气集团前CEO杰克·韦尔奇先生,京瓷集团创始人稻盛和夫先生和中化集团掌门人宁高宁先生,他们身上有着惊人的相似之处:

■ 第一,他们都为所供职的企业创造了商业奇迹。

- 第二,他们不仅深刻地认识到了管理会计的重要性,还亲身参与到管理会计的实践中,用它来引领企业一路前行。

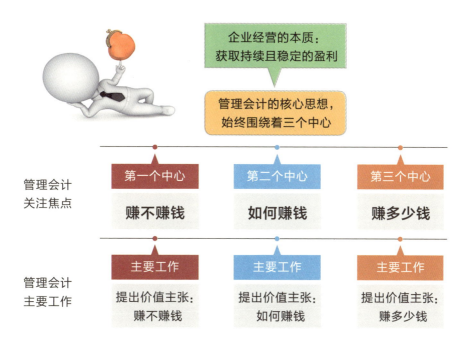

图 5-1 管理会计的核心思想(© 邹志英)

管理会计是企业的中枢神经系统,是企业生死存亡的关键。根据美国兰德公司统计:在世界上每1000家倒闭的企业中,有85%是因为管理者决策不慎造成的。在现实世界中,我们经常会看到曾经如日中天的企业突然就出事了,而随之而来的媒体报道只提到了该企业由于经营管理不善出现了债务危机,具体原因不详。其实,在一定程度上,这些企业的管理会计一定出了问题。比如:

(1)管理会计在企业的决策中没有发挥作用,导致创始人或者高层管理者做出了愚蠢的决策。

(2)管理会计没有渗透到企业的内部价值链中,没有成为推动企业盈利增长和可持续发展的助推器。

第一节 中化集团用管理会计驱动企业进步

一、从一句名言谈起

我非常欣赏且赞同中化集团掌门人宁高宁先生对管理会计的洞见,如图 5-2 所示。

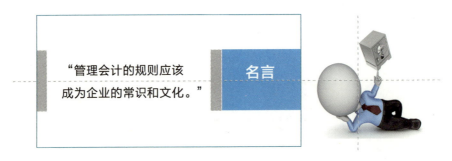

图 5-2 中化集团掌门人宁高宁先生的名言

宁先生的这句名言把管理会计的精髓和普适性价值阐述得很透亮,完美地诠释了他对财务和管理的独特理解和洞见,从中可以看出他对管理会计的情有独钟。

二、中化集团案例背景

我从媒体上看到过一份关于中化集团应用管理会计的报道,上面提到:

中化集团通过管理会计文化的塑造,将持续改善和提升管理会计水平列为企业未来发展的永恒主题,建立了促进战略发展和提升经营决策质量的管理会计体系,积极建设管理会计队伍,为推动中化集团战略转型及业务发展方面做出了积极贡献。

从应用结果上看,在以宁高宁先生为核心的领导班子的带领下,中化集团2016年营业收入达到3 955亿元,利润总额达到80.7亿元,经营活动现金流达到近三年的最好水平,并连续12次获得国资委对央企负责人经营业绩的A级评分。

可见,管理会计在中化集团的高速发展中起到了关键作用。

你一定好奇:

为什么中化集团董事长对管理会计评价这么高?中化集团的管理会计实践有什么特色?

三、中化集团管理会计的三项实践行动

企业若想充分地发挥管理会计引领企业前行的作用,董事会和经营管理层就必须充分认识到管理会计的重要性,并亲身参与实践。正如中化集团董事长宁高宁先生所说:

管理会计不仅是一个技术手段,也是一种理念、逻辑和文化。

从企业来讲,仅考虑成本会计是非常狭隘的。如果进行风险管理,特别是要防控经营性风险、债务性风险和管理决策性风险,管理会计是一个

很重要的工具。企业的战略定位、战略过程和战略推动所需要的资源、目标、遇到的问题以及发展的阶段等,这些都需要运用管理会计,因为它能够支撑和实现企业的战略目标。

真正的会计需要变成一个驱动企业进步的正向力量,而不仅仅局限于作为管理的手段。

在管理会计实践方面,中化集团开展了三项关键行动,如图5-3所示。

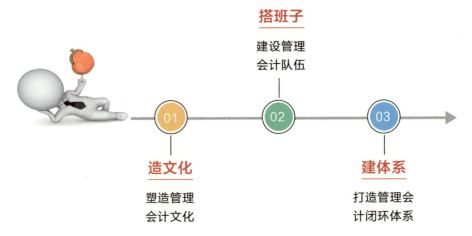

图5-3 中化集团管理会计实践中的三项关键行动

关键行动一:造文化

精神富有,文化先行。中化集团通过塑造管理会计文化,使公司全员形成自觉的绩效意识,合力推动公司业务高速成长。

关键行动二:搭班子

路线确定后,干部就是决定因素。中化集团通过积极建设管理会计人才队伍,推动公司战略转型及业务发展。

关键行动三:建体系

管理学上的闭环包括计划(Plan)、执行(Do)、检查(Check)和行动(Action)。中化集团积极构建管理会计闭环管理体系,从战略计划(P)–预算执行(D)–过程监控(C)–绩效考核(A)着眼,全面提升公司管理和经营的效率和效能,促进公司全面健康发展。

四、中化集团管理会计的实践成果

中化集团管理会计实践成果显著,如图5-4所示。

图5-4 中化集团管理会计实践的三大成果

第二节 稻盛和夫用管理会计挽救日航的奇迹

世界著名企业家稻盛和夫先生在他的一生中打造了两家世界500强企业——京瓷集团、KDDI(日本大型电信公司),救活了一家世界500强企业——日航。而最让人钦佩的是，他既不是学会计的，也不是做财务的，但他却用"阿米巴"管理会计挽救了日航，堪称奇迹。

稻盛和夫先生凭借自己强大的自学能力、资深的业务运营管理经验以及独特的创新能力，构筑出了一套非常高效、严谨、严密的管理会计体系。这套体系奉行全员参与经营，员工自己可以随时计算出经营业绩数值，能够清楚地找到改善措施。

一、从稻盛和夫挽救日航一事谈起

稻盛和夫先生曾在78岁高龄时力挽狂澜，仅在一年时间内，就使亏损2万亿日元的日航扭亏为盈，最终打造成世界一流的500强企业。而他创立的京瓷集团历经5次金融危机，依旧保持着50多年持续盈利从未亏损且利润率一度高达60%。

二、日航案例背景介绍

日本在2010年发生了一件大事——日航宣布破产，不可否认，这对正在复苏的日本经济造成了巨大打击！

日航已经连续8年负债累累，一直在日本政府的支持下艰难维持。日航亏损最终达到2万亿日元，到了无法维持的地步。在此情况下，日本首相邀请已经78岁高龄的稻盛和夫出任日航会长，帮助拯救日航。因为当时稻盛和夫先生在时间上不能保证100%投入到日航的重建中，所以他要求零薪出任日航名誉董事长。

让世人感到神奇的是，稻盛和夫作为一个航空业的门外汉，78岁高龄接手日航，仅用了一年时间，就使亏损2万亿日元的航空界巨无霸重获新生,他拯救日航的案例被称为商界绝不可能完成的任务。

- 2010 财年:日航利润为 1884 亿日元。
- 2011 财年:在日本大地震的影响下,日航利润为 2049 亿日元,盈利再创新高,稻盛和夫功成身退。

这是世界企业经营史上空前的奇迹。而稻盛和夫先生的说法是:"为世人、为社会做贡献是人最高贵的行为,这是我一辈子践行的人生观。"

你一定好奇:

稻盛和夫究竟对日航做了什么,让这个轰然倒地的巨型大象起死回生,并成为规模最大的航空公司之一?

三、实施管理会计前,日航存在的问题

日航在实施管理会计前巨额亏损,公司存在五大问题,如图 5-5 所示。

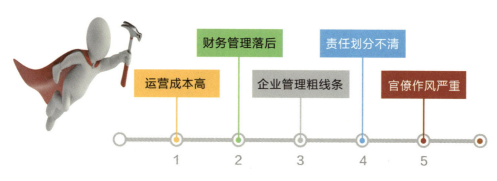

图 5-5 日航实施管理会计前存在的五大问题

187

问题一：运营成本高

(1) 运营成本高的问题描述

日航体制严重僵化、机构臃肿，管理层长期依赖政府买单，市场意识淡薄，为帮助政府拉动就业，开辟了许多无利可图的航线，导致企业负担日益加重。员工在惯性思维的影响下，也过着"做一天和尚撞一天钟"的日子，企业内部无人认真思考如何提高日航的业务效率。

日航运营成本高体现在"三高一淡"上，如图5-6所示。

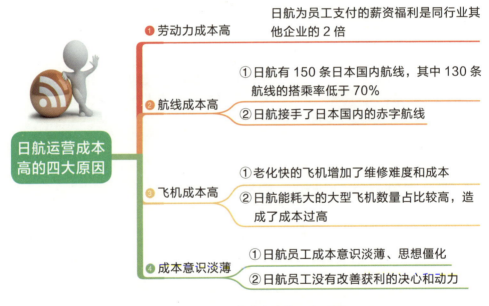

图5-6　日航运营成本高的四大原因

(2) 运营成本高带来的危害

如果企业持续增高的成本不能得到改善的话，长此以往，不仅会造成企业净利下降，还会出现机构臃肿、人浮于事的状况，不利于企业健康发展，会损害企业整体利益。

问题二：财务管理落后

（1）财务管理落后的问题描述

日航在财务管理方面存在诸多问题，如图 5-7 所示。

图 5-7　日航财务管理的两大问题

① **财报时间滞后**

稻盛和夫先生刚进入日航时，经营者手上拿到的业绩报告竟然是三个月前的经营结果。

② **财务核算粗放**

日航财务无法根据每条航线、每个航班的损益情况出具报告，导致经营者无法做出准确的商业判断。

（2）财务管理落后带来的危害

财务管理是企业价值提升的助推器，优秀的财务管理可以改变和影响企业的命运，而落后的财务管理则会让企业四面楚歌，甚至让企业遭遇灭顶之灾。

针对日航落后的财务管理，稻盛和夫先生认为：财务是经营的中枢核心，不懂财务就不会经营。日航如果不建立即时反映各条航线、各个航班收支状态的体系,将无法提高公司的整体效益。

问题三:企业管理粗线条

(1)企业管理粗线条的问题描述

- 日航管理粗放,说明领导者意识有问题。
- 员工士气涣散,说明企业文化有问题。
- 员工做事动力不足,说明企业激励机制有问题。
- 日航服务质量下降,说明企业不重视管理和培训,员工内心滋生了骄傲自大的情绪。

(2)企业管理粗线条带来的危害

企业管理粗线条给日航造成了很大的危害,如图5-8所示。

图5-8 企业管理粗线条带给日航的五大危害

问题四:责任划分不清

(1)责任划分不清的问题描述

日航的经营干部们不会用数字说话,做事经常推脱、逃避责任;绩效责任意识淡薄,责任划分不清楚,没人对公司及部门亏损负责。

(2)责任划分不清带来的危害

责任划分不清给日航造成了三大危害,如图 5-9 所示。

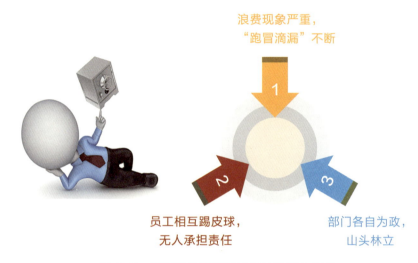

图 5-9 责任划分不清带给日航的三大危害

长此以往,日航的核心竞争力受到了巨大伤害,进而影响了企业的盈利能力和生存能力。

问题五:官僚作风严重

(1)官僚作风严重的问题描述

日航的官僚作风严重,体现在以下几点:

- 日航内部不同部门之间各自为政。
- 管理者和员工之间各行其是。
- 员工办事拖沓、效率低下。
- 员工缺乏危机意识。

- 员工思想意识涣散。

（2）官僚作风严重带来的危害

官僚作风严重带来的三大危害，如图 5-10 所示。

图 5-10　官僚作风严重带给日航的三大危害

没有危机意识的企业潜藏着更大的危机。正如稻盛和夫先生所说：企业没有危机感，才是最大的危机！如果不能锐意进取，企业就有可能因此而陷入绝境。

四、挽救日航的两大秘诀

稻盛和夫先生挽救日航的两大秘诀，如图 5-11 所示。

秘诀一：建立"利他"经营哲学

稻盛和夫经营哲学的根本思想是"追求全体员工物质和精神两方面的幸福"。稻盛和夫先生认为，日航重建计划的贯彻落实需要依靠日航全体员工的共同努力，所以必须想办法先让日航的管理干部们尽快脱胎换骨，成长为优秀的领导者。

第 5 章　情景剧场：中化集团和日航的管理会计实践

图 5-11　稻盛和夫先生挽救日航的两大秘诀

秘诀二：导入"阿米巴"管理会计

什么是"阿米巴"？我用一句话来简单解释一下，如图 5-12 所示。

阿米巴就是把企业切成最小单位，通过经营哲学建立共同愿景。每个单位都实行自行规划、独立核算以及数字化经营。全员培养经营意识，通过充分授权规则，同心同德实现全员奔跑，依靠全员智慧和努力完成企业的经营结果和目标。

图 5-12　一句话解释什么是"阿米巴"

"阿米巴"经营系统是稻盛和夫先生独创的管理会计系统，它可以及时反映日航各条航线、各个航班的收支状态，通过数字化经营提高日航效益。

"阿米巴"管理会计不仅在京瓷和 KDDI 得到了广泛的实践应用，而且在日本以及中国的多家企业也得到了实践应用。

193

五、挽救日航的具体措施

稻盛和夫先生挽救日航的具体措施，如图 5-13 所示。

图 5-13　稻盛和夫先生挽救日航的三大措施

措施一：推进日航的意识改革

意识决定行动，日航亏损的根本问题在于管理者的思想意识。所以，改革的第一步是以稻盛和夫经营哲学为依据，推进日航内部的意识改革。具体来说，稻盛和夫先生采取了两个关键行动，如图 5-14 所示。

图 5-14　推进日航意识改革的两大关键行动

（1）组织学习会

稻盛和夫先生组织了为期一个月的干部学习会，在会上他强调了以下三大重点：

- 企业经营的本质。
- 管理会计的重要性。
- 人应该具备的心性。

（2）建立经营意识

稻盛和夫先生为日航重新建立了正确的经营意识，如图5-15所示。

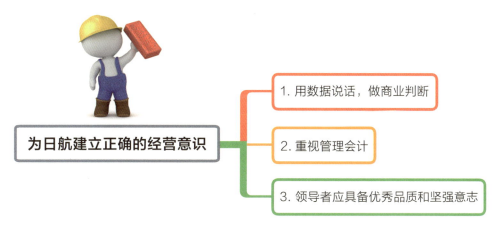

图5-15　建立正确的经营意识

① **用数据说话，做商业判断**

有句经典的名言——无法衡量，就无法管理，说的就是用数据进行管理和商业判断的重要性。稻盛和夫先生认为，企业如果不能用数字掌握现场状况，那么将无法经营。

② **重视管理会计**

稻盛和夫先生认为，经营的要诀是销售最大化、费用最小化，企业每位领导者必须率先实行这个原则,所以每位领导者必须重视管理会计。

③ 领导者应具备优秀品质和坚强意志

稻盛和夫先生认为,领导者的正确角色、使命和领导魅力是非常重要的。领导者必须具备值得部下尊敬的优秀品质,同时还必须拥有极大的热情和激情,无论环境如何变化,都要具备实现既定目标的坚强意志。

在稻盛和夫先生开展"行动式学习"时,他要求公司核心管理者要知行合一,学会用数据做报告,用利润模型做分析。只有这样做,才能提升领导者的分析判断能力、结果意识、独立思考能力与数字化说话的能力。

措施二:明确日航的企业目的

稻盛和夫先生采用三种方式为日航指明方向,如图 5-16 所示。

图 5-16　稻盛和夫先生采用的三种方式

(1)建立"上下同欲者胜"的愿景目标

稻盛和夫先生为日航建立了"上下同欲者胜"的愿景目标,将新日航的企业目的明确地告诉日航所有员工,激发员工把日航当作自己的公司,点燃员工重建日航的坚强意志。

（2）亲临现场，跟一线员工对话

稻盛和夫先生亲自去现场跟一线员工对话，强调航空业的本质是服务业，让领导者和员工深刻地体会到：确保安全与提升客户满意度是日航员工最重要的使命。

（3）告知全员日航经营目标

稻盛和夫先生不仅亲自向员工解释裁员原因，还会亲自道歉。他要求大家在困难的情况下坚持努力。他告诉大家日航的经营目的是"追求全体员工物质和精神两方面的幸福"，日航今后再也不会出现因经营危机而裁减员工的局面，日航必须成为全体员工共同追求幸福的场所。

措施三：导入管理会计系统

稻盛和夫先生认为，要想帮助日航步入正轨、扭亏为盈以及实现永续经营，就必须要摸清日航哪条航线赚钱、哪条航线不赚钱。因此，日航必须导入"阿米巴"管理会计系统，用其核算最小单位，对航线与航班的损益情况做出正确的商业判断。为了顺利地推进财务管理变革，日航必须做好四件事，如图5-17所示。

图5-17 导入管理会计系统，必须做好四件事

（1）要求会计部门及时出具报表

财报是会说话的，通过它可以及时捕捉日航真实的经营状况。

稻盛和夫先生刚进入日航时，发现会计部门提供给经营者的业绩报告严重滞后，而且数据颗粒度很粗，经营管理者无法根据报表判断哪条航线赚钱、哪条航线不赚钱。于是，稻盛和夫先生要求会计部门必须在1个月内提供完整且详细的经营业绩报告，报告要体现各部门、各航线与各航班的损益情况。

（2）训练管理者用数据做商业判断

稻盛和夫先生认为，经营者必须学会用数据做商业判断。所以，在加入日航后，他亲自训练经营管理者，教会大家用数据做报告、用数据做商业判断。

举例来说，从日本飞中国台湾地区共有两条航线：第一条航线是从东京羽田机场飞往台北松山机场；第二条航线是从东京羽田机场飞往桃园市的桃园机场。从管理会计角度来审视，日航的经营管理者需要在最短时间内看到这两条航线的盈亏：如果赚钱，可否增加航班？如果亏损，有没有改善的方法？

随后，经营者需要针对加开航班或调整航线做出正确、及时的商业判断，而商业判断要有明确的财务数据作为依据。

（3）制定及时止损的决策

稻盛和夫先生制定了三个及时止损的决策，如图5-18所示。

决策一：停飞亏损航线

基于日航财务报表体现的信息，为了及时止损，稻盛和夫先生决定停飞长期亏损且难以盈利的航线。其中，国际航线停飞率达40%，日本国内航线停飞率达 30%。

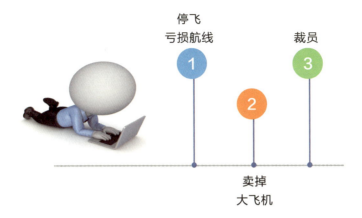

图 5-18　日航及时止损的三个决策

决策二：卖掉大飞机

为了大幅降低各种成本，日航卖掉了很多大飞机，购进百余架小飞机，以适应实际的市场需求。在日航卖掉大飞机、购进小飞机后，飞机搭乘率发生了很大变化，如图 5-19 所示。

从数据上比较，日航飞机的搭乘率在 2008 年 10 月只有 66%，而 2010 年 10 月已经达到 78%，增加了 12%。

图 5-19　日航搭乘率的改变

决策三：裁员

为了降本增效以及激发员工的危机意识，稻盛和夫先生做出"裁员"

决策，截至 2010 年年底，日航已减员 16000 人。

（4）建立"阿米巴"经营管理系统

在开源方面，稻盛和夫先生导入"阿米巴"管理会计系统，建立分部门、分航线、分航班的核算系统。随后，又按航线划分"阿米巴"，任命经营责任人，以他为中心，"阿米巴"全体人员一边分析数据、一边为提升各条线路的经济效益献计献策，实现了全员数字化经营。

在节流方面，稻盛和夫先生也导入了"阿米巴"管理会计。比如，在飞机维修和机场的各个部门，把组织划分为小"阿米巴"，对其费用实施精细化管理。

这样做的好处是，"阿米巴"小组人员掌握了所有相关的详细数据，每个人都会为消除浪费与提高效率出主意、想办法，全员都会投入到"阿米巴"小组的经营改善活动中。

稻盛和夫先生运用"阿米巴"模式与日航内部员工沟通，把每一条航线都变成一个利润中心，航线上的机师、空姐与相关人员都是创造这条航线财务数字的一分子，这条航线是否赚钱也跟每个人的绩效联动。

在实施管理会计前，航线上的相关人员会认为：我每天只要负责开飞机就好，乘客多少、票价多少都跟我没关系。在实施管理会计后，这些人员的想法发生了巨大改变，他们不仅会积极投入工作，还会主动思考怎样才能让航线赚钱，因为航线赚钱与否跟他们自身奖金和岗位的稳定性直接挂钩。

六、实施管理会计后，日航的变化

实施"阿米巴"管理会计后，日航发生了巨大改变，如表 5-1 所示。

表 5-1　日航实施管理会计前后的对比

序号	聚焦领域	实施管理会计前的状态	实施管理会计后的状态
1	运营成本	运营成本高，管理者没有成本概念，没有提升盈利的决心	运营成本大幅下降，在一年多的时间里，创造了日航历史上空前的1884亿日元的利润，是当时日本第一大航空"全日空"利润的3倍
2	财务管理	财务管理落后，财务报表出具时间严重滞后，财务管理粗放	财务报表出具及时，管理者形成了用数据说话、进行商业判断的能力和习惯，财务核算水平得到了显著改善
3	企业管理	企业管理粗线条，员工士气涣散	每位员工都在为推进日航重建工作而自发地努力工作，并以让顾客满意为己任。全体员工钻研创新，寻找问题，改进工作质量和效率
4	责任划分	经营干部做事推脱、逃避责任；绩效责任意识淡薄，责任划分不清楚，没人对亏损负责	透过利润中心制，每个员工变成了经营者，当看见会计部门提供的实时数字时，每个人都清楚本部门所处的状况和个人所达成的绩效
5	官僚作风	部门之间各自为政，员工之间各行其是，官僚作风严重，体制僵化，缺乏危机意识，员工思想意识涣散	员工意识发生了巨大改变，员工从内心深处激发出重建日航的信心和决心

思维导图
内容概要

问题
思考

第四部分
工具方法

志英
观点

你有答案了吗？邀请你继续阅读

第 6 章
管理会计实用工具及应用案例

第 6 章 思维导图

第 6 章 管理会计实用工具及应用案例

第一节 一张图秀出管理会计的十大实用工具
1. 战略地图
2. PEST 模型
3. 珍珠链预算管理体系
4. SWOT 模型
5. 经营仪表盘
6. 价值链关联分析
7. 利润敏感度模型
8. 标杆管理
9. 本量利模型
10. 盈亏平衡点

第二节 实用工具及应用案例（一）：战略地图
一、战略地图的长相
二、战略地图简介
三、战略地图的使用方法
四、战略地图的适用范围
五、战略地图的特点
六、战略地图的应用案例

第三节 实用工具及应用案例（二）：PEST 模型
一、PEST 模型的长相
二、PEST 模型简介
三、PEST 模型的关键要点
四、PEST 模型的五大应用领域
五、PEST 模型的三大特点
六、PEST 模型的应用案例

第四节 实用工具及应用案例（三）：SWOT 模型
一、SWOT 模型的长相
二、SWOT 模型简介
三、SWOT 模型的使用方法
四、SWOT 模型的七大应用领域
五、SWOT 模型的五大特点
六、SWOT 模型的应用案例

第五节 实用工具及应用案例（四）：本量利模型和盈亏平衡点
一、本量利模型的长相
二、本量利模型简介
三、本量利模型的五种计算公式
四、本量利模型的五大好处
五、本量利模型的分析方法
六、本量利模型的应用案例

第 6 章 管理会计实用工具及应用案例

内容概要

工欲善其事,必先利其器。管理会计都有哪些实用工具?这些工具有哪些特点、使用方法和应用领域?

本章通过 4 大情景示例和 32 张彩色图表介绍了管理会计的 10 大常用工具,其中重点介绍了战略地图、PEST 模型、SWOT 模型、本量利模型和盈亏平衡点的长相、起源、核心内容、使用方法、适用范围、模型特点以及在企业实操中的应用案例。

本章介绍的工具简单、实用且易于操作,对读者具有极强的借鉴意义。

| 志英观点 | 工欲善其事，必先利其器。管理会计工具是企业和个人最好的帮手，也是衡量企业和管理者管理水平高低的标志。|

第一节 一张图秀出管理会计的十大实用工具

在管理会计实践中，有十种实用且好用的工具，如图6-1所示。

管理会计十大实用工具

1. 战略地图
2. PEST 模型
3. 珍珠链预算管理体系
4. SWOT 模型
5. 经营仪表盘
6. 价值链关联分析
7. 利润敏感度模型
8. 标杆管理
9. 本量利模型
10. 盈亏平衡点

图6-1　管理会计十大实用工具

接下来，我会以其中的几种常用工具为例，重点介绍它们的长相、适用场合、使用方法、主要特点与应用案例。

第二节 实用工具及应用案例（一）：战略地图

一、战略地图的长相

战略地图的长相，如图 6-2 所示。

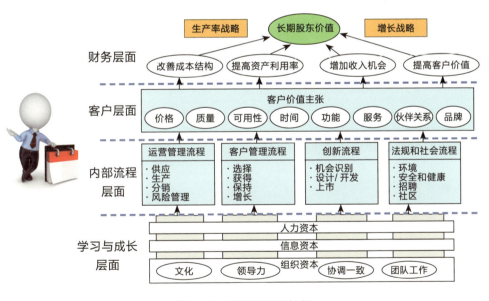

图 6-2 战略地图的长相

从图 6-2 中可以看出，战略地图包含财务层面、客户层面、内部流程层面以及学习与成长层面，这四个层面层层递进且相互关联，逻辑性很强。

1. 财务层面

从财务层面可以看到企业是否聚焦在提升盈利能力和现金流量方面。财务层面衡量的主要指标包括：

- 收入的增长
- 收入的结构
- 成本的降低
- 成本的结构
- 生产率的提升
- 资产的利用
- 投资战略

2. 客户层面

从客户层面可以看到企业是否聚焦在满足核心顾客的需求上。通常来说，客户的核心关注点为时间、质量、性能、服务和成本。企业必须为这五个方面树立清晰的目标，并将其细化为具体的指标。

客户层面衡量的主要指标包括：

- 市场份额
- 老客户挽留率
- 新客户获得率
- 顾客满意度
- 从客户处获得的利润率
- 客户保持程度
- 客户盈利能力
- 市场占有率

- 重要客户的购买份额
- 品牌知名度
- 品牌美誉度

3. 内部流程层面

从内部流程层面可以看到企业是否聚焦在满足企业财务目标和客户目标的流程方面。内部流程主要包括：运营管理流程、客户管理流程、创新流程以及法规和社会流程。

内部流程层面衡量的主要指标包括：

- 新产品引入
- 周转期
- 质量利用率
- 生产率

4. 学习与成长层面

从学习与成长层面可以看到企业能否通过学习与成长持续提升企业的价值和核心竞争力，驱使股东、客户及流程获得卓越成果。

学习和成长层面衡量的主要指标包括：

- 员工的能力
- 信息系统的能力
- 开发新产品所需时间
- 产品成熟过程所需时间
- 销售比重较大的产品的百分比
- 新产品上市时间

二、战略地图简介

1.战略地图的起源

战略地图模型是由美国平衡计分卡先驱罗伯特·卡普兰和大卫·诺顿创建的一种工具,企业可以借助这种工具,描述并传达自己的战略,如图6-3所示。

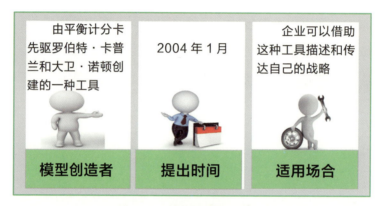

图6-3 战略地图模型简介

战略地图是在平衡计分卡的基础上发展而来的,它以平衡计分卡的四个层面(财务层面、客户层面、内部流程层面和学习与成长层面)目标为核心,通过分析这四个层面目标之间的相互关系,形成企业的战略因果关系图,它的好处体现在可以将企业的无形资产转化为有形成果。

2.战略地图的核心内容

战略地图的核心内容,如图6-4所示。

战略地图的核心内容是指企业通过运用人力资本、组织资本等无形资产(学习与成长层面),创新并建立组织的战略优势和提升流程效率(内部流程层面),进而使公司把特定价值带给市场(客户层面),从而为股东创造价值(财务层面)。

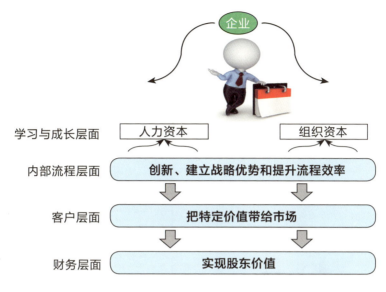

图 6-4 战略地图的核心内容

三、战略地图的使用方法

绘制企业战略地图需要遵从"六步走",如图 6-5 所示。

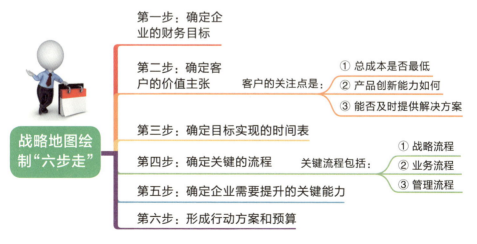

图 6-5 战略地图绘制"六步走"

四、战略地图的适用范围

战略地图的适用范围广泛,既可以将其应用于企业和部门的战略规划方面,也可以将其应用于个人规划、国家及省市的战略规划中,如图6-6所示。

图 6-6 战略地图的适用范围

五、战略地图的特点

战略地图的特点体现在上接战略主题、中接目标和下接行动方案上。战略地图的四个层面,你中有我,我中有你,相互关联,相互作用。

六、战略地图的应用案例

示例 6-1 为技术部门绘制一张战略地图

AC 公司是一家从事软件开发的公司,技术部门是其核心部门,为其绘制战略地图，旨在提升公司的核心竞争力，如图 6-7 所示。

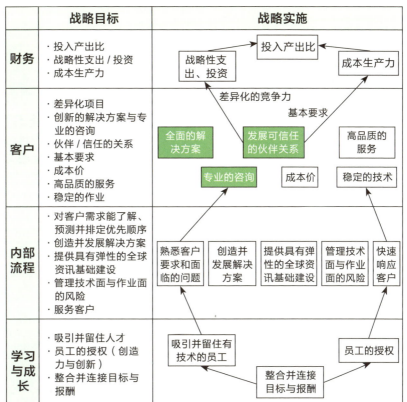

图 6-7　AC 公司技术部门的战略地图

第三节　实用工具及应用案例（二）：PEST 模型

一、PEST 模型的长相

PEST 模型的长相，如图 6-8 所示。

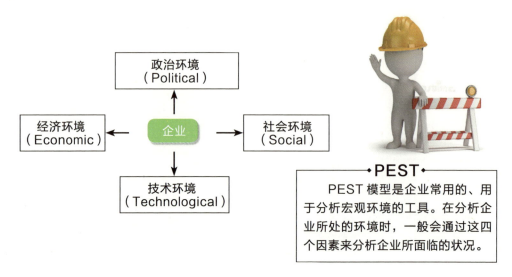

图 6-8　PEST 模型的长相

二、PEST 模型简介

1. PEST 模型的起源

PEST 模型是由美国哈佛大学教授迈克尔·波特提出的，它为宏观环境的分析提供了基本框架，如图 6-9 所示。

图 6-9　PEST 模型简介

宏观环境是一切规划工作的前提。使用PEST模型分析宏观环境很重要，因为不关注大环境变化的企业注定会被淘汰。

2. PEST模型的四大要素

PEST模型包含四大要素，每个要素的定义及内容如表6-1所示。

表6-1　PEST模型的四大要素

关注点	P-政治环境	E-经济环境	S-社会环境	T-技术环境
定义	是指一个国家的执政党性质、政府政策方针、法律法规等；不同的国家有着不同的法律规定以及社会性质，所以政治环境是在不断变动的	包括宏观经济环境和微观经济环境	是指一定时期内整个社会发展的一般状况	是指技术的总水平和变化趋势对企业的影响，以及技术对政治、经济及社会环境的影响
内容	政治环境包括： 1. 执政党的变化 2. 各产业的发展及投资政策 3. 环境保护法 4. 经济体制变化 5. 政府补贴水平 6. 反垄断法规 7. 与其他国家的关系 8. 人口政策	经济环境包括： 1. 经济增长 2. 货币政策 3. 汇率 4. 通货膨胀 5. 消费模式 6. 生产率 7. 不同地区消费者的收入差异 8. 人均可支配收入水平	社会环境包括： 1. 教育及文化水平 2. 健康意识 3. 生活方式变革 4. 宗教及风俗习惯 5. 潮流风尚 6. 生活条件 7. 劳动力与社会流动性	技术环境包括： 1. 产业技术关注点 2. 技术转让率 3. 信息技术变革 4. 互联网变革 5. 移动技术 6. 政府研究开支 7. 能源利用与成本

三、PEST模型的关键要点

使用PEST模型分析环境，务必要把握其关键要点，如表6-2所示。

表 6-2 PEST 模型的关键要点

关注层面	PEST 模型的分析关键点
P—政治环境	政治因素常常制约和影响着企业的经营行为，尤其是影响企业中长期的投资行为。通过政治环境分析，可以发现新的经营机会或提前识别潜在的经营风险，为有远见的企业家提供趋势研判的参考依据。 在做政治环境分析时，需要重点关注七大要点： 1. 政治环境是否稳定？政治环境对企业的有利和不利影响是什么？ 2. 政府的经济政策对企业的有利和不利影响是什么？ 3. 安全生产方面的法律法规对企业的经营模式、费用预算等方面的影响是什么？ 4. 节能减排、环境治理、生态保护等方面的环保政策对本行业的影响是什么？ 5. 政府对本行业可持续发展的指导政策是什么？ 6. 本国政府与一些国家的外交关系变化给企业所在市场带来的机会、威胁与风险是什么？ 7. 针对近期发生的突发应急事件，政府相关部门对企业应急工作的指导意见是什么？
E—经济环境	经济环境的分析对数据分析的准确性和全面性要求很高。在做经济环境分析时，需要参考权威的报告和统计数字，在数据准确的基础上，还需要通过统计学方法建模分析。 在做经济环境分析时，需要重点关注九大要点： 1. 国家的五年规划对企业的影响是什么？ 2. 政府出台的扶持政策或限制政策对本企业所在的行业有什么影响？ 3. 政府出台的财政政策对本企业所在的行业有什么影响？ 4. 当年的货币政策是宽松还是紧缩，对企业会有什么影响？ 5. 政府是否出台了新的税收政策，其对本行业和企业税负有什么影响？ 6. 政府是否出台了新的人力资源政策，其对本行业和企业有什么影响？ 7. 关税政策有什么变化，尤其对于出口退税有什么影响？ 8. 本国与贸易对象国的汇率有什么变化？ 9. 世界经济增长趋势如何？对本行业和企业有什么影响？

（续）

关注层面	PEST 模型的分析关键点
S- 社会环境	分析社会环境重在及早发现趋势，及时评估影响，识别外在的机遇和威胁。 在做社会环境分析时，需要重点关注八大要点： 1. 人口老龄化水平如何？预期平均寿命如何？ 2. 人口总量、人口增长率、出生率、死亡率、男女比例、结婚比例以及离婚比率等的变化情况如何？ 3. 不同收入水平的人员占比如何？对企业的机会和挑战分别是什么？ 4. 民众受教育的水平如何？ 5. 人均可支配收入水平如何？ 6. 人均消费水平如何？ 7. 当地的风俗习惯如何？ 8. 当地的社会福利如何？
T- 技术环境	技术革新的成果对国家、行业和企业的影响是深远的，甚至可能是颠覆性的。 在做技术环境分析时，需要重点关注五大要点： 1. 本企业相关领域的高新技术水平如何？ 2. 科技是否为消费者和企业提供了更多的创新产品与服务？ 3. 科技是如何改变营销模式的，比如线上直播、网络营销等？ 4. 科技是否拉近了企业与顾客之间的距离？ 5. 科技是否降低了产品和服务的成本，并提高了质量？

四、PEST 模型的五大应用领域

使用 PEST 模型分析环境务必要结合企业自身的实际情况，根据宏观环境来判断行业的未来走向。

PEST 模型可以应用在五个领域中，如图 6-10 所示。

图 6-10　PEST 模型的五大应用领域

五、PEST 模型的三大特点

PEST 模型具有三大特点，如图 6-11 所示。

图 6-11　PEST 模型的三大特点

特点一：关注外部环境

PEST 模型关注的是整个大环境，也就是分析企业所处的外部环境，一般不受企业掌握。

特点二：关注解决问题的思路

PEST 模型关注的是解决问题的思路，而不是具体的解决方案。

特点三：关注定性分析

PEST 模型关注的是定性分析，并不关注定量分析。

六、PEST 模型的应用案例

PEST 模型主要针对企业外部环境进行全面、客观的分析，找到企业发展的机会和优劣势。还可以将其应用于个人职场环境的分析，用它客观评估职场竞争环境，实现职业生涯的螺旋式上升发展。

示例 6-2 用 PEST 模型分析环保企业的环境

D 公司属于环保行业，用 PEST 模型为其进行外部环境分析，如表 6-3 所示。

表 6-3　D 公司的 PEST 模型分析

关注点	P- 政治环境	E- 经济环境	S- 社会环境	T- 技术环境
具体内容	1. 国内政治环境稳定，其他国家的政治环境没有特殊风险 2. 中国与其他国家保持着密切的外交关系 3. 中国对专利越来越重视	1. 中国宏观经济稳定增长 2. 环保行业蓬勃发展	1. 社会环境受到环保、能源等因素影响	1. 政府和企业一直重视创新环保技术

（续）

关注点	P-政治环境	E-经济环境	S-社会环境	T-技术环境
具体内容	4. 面对新冠肺炎疫情，政府对中小企业的扶持力度变大，税收优惠力度变大 5. 中国加入WTO后，进出口的限制变少 6. 国家大力支持环保产业的发展	3. 原材料价格不断上涨	2. 网络技术的蓬勃发展，促进了不同国家政治、文化的交流和融合	2. 追求可持续发展是技术创新的源泉，环保节能推动了D公司的技术创新，这些创新既能提高利润，又能增加销售收入

第四节　实用工具及应用案例（三）：SWOT模型

一、SWOT模型的长相

SWOT模型的长相，如图6-12所示。

SWOT
SWOT是企业常用的分析宏观环境的工具。在分析企业所处的环境时，一般会通过这四个因素来分析企业所面临的状况。

图6-12　SWOT模型的长相

二、SWOT 模型简介

1. SWOT 模型的起源

SWOT 模型是由美国旧金山大学的管理学教授海因茨·韦里克在 20 世纪 80 年代初提出的,应用于企业战略制定、竞争对手分析等场合,如图 6-13 所示。

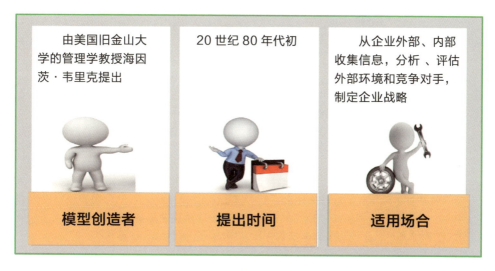

图 6-13　SWOT 模型简介

2. SWOT 模型的四大要素

从外部角度看,SWOT 模型包括机会和挑战,它们是无法控制的因素;从内部角度看,SWOT 模型包括优势和劣势,它们是可控因素,如表 6-4 所示。

SWOT 模型是一种有效的评估方法,它可以帮助企业或个人了解自身的优势、劣势、机会和威胁,并根据环境的变化及时调整企业或个人的策略和资源,实现企业或个人的发展目标。

表 6-4　SWOT 模型四要素介绍

关注点	内部要素		外部要素	
	S- 优势	W- 劣势	O- 机会	T- 威胁
定义	是指企业超越其竞争对手的特有能力	是指将企业与其竞争对手做相比，企业做得差或没有做到的地方，这会令企业处于劣势	是指环境中出现的有利于企业发展的机会或机遇，如果企业能够及时捕捉机会，企业会向好的方面发展	是指环境中出现的不利于企业发展的威胁或调整，如果企业不及时采取措施，这种不利因素会制约企业的发展，甚至会让企业面临巨大的风险
内容	优势包括： 1. 充足的资金 2. 企业的品牌知名度 3. 丰富的人脉资源 4. 拥有一些知名的大客户 5. 先进的设备及生产线 6. 训练有素的人才 7. 独特的技术 8. 优秀的管理团队	劣势包括： 1. 资不抵债，负债累累，糟糕的财务状况 2. 企业知名度低或没有知名度 3. 缺乏人脉资源 4. 企业浪费现象严重 5. 落后的设备及生产线 6. 员工做事不职业，缺乏专业水准 7. 缺乏核心技术 8. 管理团队治理水平低下，不团结	机会包括： 1. 良好的财务状况，可以帮助企业争取更多的融资或投资机会 2. 竞争对手面临倒闭或者资金周转困难 3. 企业所属领域客户购买能力较强 4. 出现新的商机 5. 国家或相关行业出台了一些有利于企业发展的政策 6. 政治、经济的利好变化	威胁包括： 1. 激烈的行业竞争 2. 劳动力成本上升 3. 原材料成本上升 4. 出现新的竞争对手 5. 国家或行业出台了一些不利于企业发展的政策 6. 政治、经济的不利变化

3. SWOT 模型的四大目的

用 SWOT 做分析的目的是帮助企业或个人把资源及行动聚焦在自己擅长的领域，让企业或个人的战略变得更加明朗、决策变得更加明智，如图 6-14 所示。

1. 利用优势，抓住机遇
2. 克服阻碍，避开劣势
3. 建立最优战略
4. 制定最优决策

图 6-14　SWOT 模型的四大目的

三、SWOT 模型的使用方法

使用 SWOT 模型做分析需要遵从"三步走"，如图 6-15 所示。

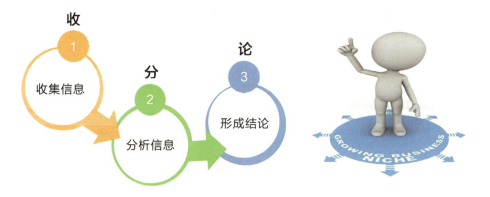

图 6-15　SWOT 模型的使用方法

1. 收：收集与优劣势、机会和威胁相关的信息。

2. 分：分析并保留关键信息，剔除非关键信息。

3. 论：形成结论和管理决策。

企业在制定最优决策前，务必要关注以下四大要点：

1. 企业应该如何利用自身的优势抓住机遇？

2. 企业应该如何规避劣势？

3. 企业应该如何利用机会增加成功的可能性？

4. 企业应该做些什么减少威胁的可能性？

四、SWOT 模型的七大应用领域

SWOT 模型可以应用在七大领域中，如图 6-16 所示。

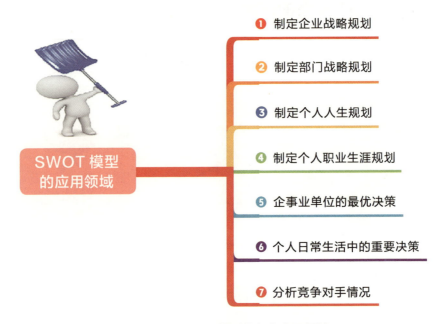

图 6-16　SWOT 模型的七大应用领域

五、SWOT 模型的五大特点

SWOT 模型有五大特点，如图 6-17 所示。

❶ 从多维度考虑问题,避免片面和偏见

❷ 对分析对象保持客观认识,避免感情色彩

SWOT 模型的五大特点

❸ 分析竞争对手,找出自身的优劣势、机会与威胁

❹ 要因人而异,因地制宜

❺ 要简洁,避免复杂与过度分析

图 6-17 SWOT 模型的五大特点

六、SWOT 模型的应用案例

示例 6-3 用 SWOT 模型分析某环保企业的优劣势

某环保企业要制定未来 3 年的战略规划,用 SWOT 模型对其进行分析,如表 6-5 所示。

表 6-5 某环保企业的 SWOT 分析

	优势	劣势
某环保企业的 SWOT 分析	1. 企业拥有优秀的领军人物,并在行业内享有较高的知名度 2. 企业拥有优秀的团队、极高的创新研发能力和多项专利技术,引进开发先进的技术和产品,客户对其产品的质量和服务的效率较满意 3. 企业在行业内积累了 20 多年的实战经验,市场布局完善 4. 企业的产品拥有较高的市场占有率,极高的品牌效应	1. 股东结构不合理,股东缺乏对经营的参与和对资源的贡献,没有形成协同效应 2. 商业模式不能适应行业发展的需求 3. 产品营销和市场开发团队能力较弱,影响其快速发展 4. 资金短缺,融资难,财务策略需要创新和调整

（续）

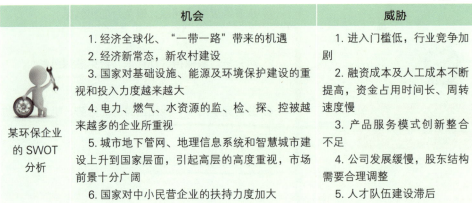

	机会	威胁
某环保企业的SWOT分析	1. 经济全球化、"一带一路"带来的机遇 2. 经济新常态，新农村建设 3. 国家对基础设施、能源及环境保护建设的重视和投入力度越来越大 4. 电力、燃气、水资源的监、检、探、控被越来越多的企业所重视 5. 城市地下管网、地理信息系统和智慧城市建设上升到国家层面，引起高层的高度重视，市场前景十分广阔 6. 国家对中小民营企业的扶持力度加大	1. 进入门槛低，行业竞争加剧 2. 融资成本及人工成本不断提高，资金占用时间长、周转速度慢 3. 产品服务模式创新整合不足 4. 公司发展缓慢，股东结构需要合理调整 5. 人才队伍建设滞后

第五节 实用工具及应用案例（四）：本量利模型和盈亏平衡点

一、本量利模型的长相

本量利模型的长相，如图6-18所示。

从图中可以看到本量利模型的8个组成元素：

1. 销售收入。

2. 总成本 = 可变成本 + 固定成本。

3. 可变成本 = 总成本 - 固定成本。

4. 固定成本 = 总成本 - 可变成本。

5. 利润 = 销售收入 - 总成本。

6. 盈亏平衡点。

7. 盈利区：总销售收入 > 总成本。

8. 亏损区：总销售收入 < 总成本。

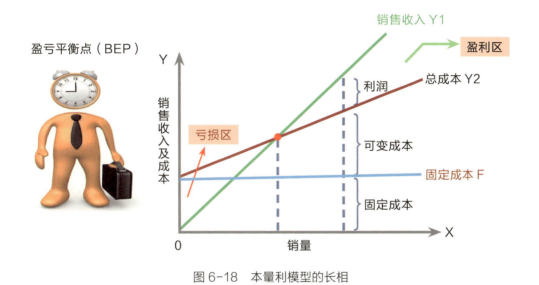

图 6-18　本量利模型的长相

二、本量利模型简介

本量利模型是 20 世纪 20 年代初提出的，是西方国家为了加强企业内部控制、增强企业竞争力以及实现企业战略目标而建立的一种定量分析工具，如图 6-19 所示。

简而言之，"本"对应成本，"量"对应业务量，"利"对应利润。本量利分析法是根据相关产品的产销数量、销售价格、变动成本、固定成本等因素与利润之间的相互依存关系，通过分析、计量而确定企业目标利润的一种系统方法，它广泛地应用于企业的预测、决策、规划、控制、激励和评价等过程中。

图 6-19 本量利模型简介

三、本量利模型的五种计算公式

1. 本量利模型的计算公式

本量利模型有五种计算公式，如图 6-20 所示。

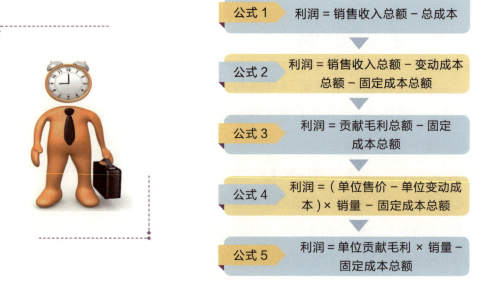

图 6-20 本量利模型的五种计算公式

2. 重要概念的名词解释

（1）固定成本

固定成本是指在一定时期和一定业务范围内，成本总额不会随着业务量的增减而变动的成本。

固定成本主要包括：

- 房屋租金
- 财产税
- 企业管理费用
- 车间生产管理人员工资
- 职工福利费
- 办公费
- 固定资产折旧费
- 修理费

（2）变动成本

变动成本是指在特定业务量范围内，成本总额随着业务量增减变动而成正比例变动的成本。

变动成本主要包括：

- 销售佣金
- 原材料成本
- 制造费用
- 装运费
- 包装费

■ 销售成本

（3）贡献毛利

贡献毛利也叫边际贡献，是反映产品盈利能力的重要指标，也是本量利分析模型中的重要概念，是指产品的销售收入扣除变动成本后的余额。

分析贡献毛利的意义在于测算产品的盈利能力。贡献毛利首先应该用于补偿固定成本，补偿固定成本之后如果还有余额，说明该产品能为企业创造利润。反之，如果该产品的贡献毛利不足以补偿企业的固定成本，那么企业就会发生亏损。

贡献毛利有两种表现形式，如图6-21所示。

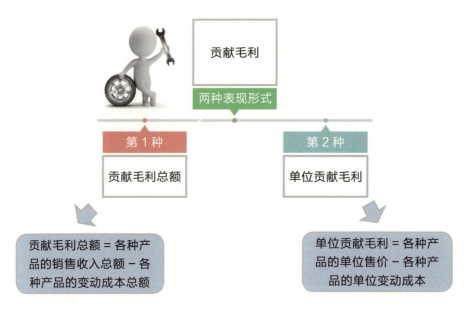

图6-21　贡献毛利的两种表现形式

（4）贡献毛利总额的四种计算公式

贡献毛利总额有四种计算公式，如图6-22所示。

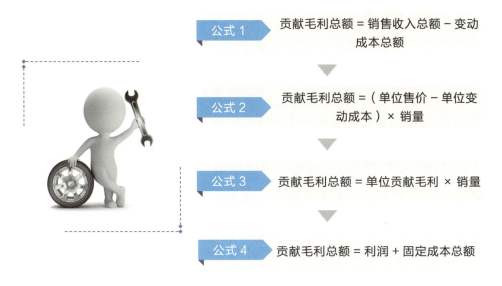

图 6-22　贡献毛利总额的四种计算公式

四、本量利模型的五大好处

本量利模型是管理会计中的重要分析工具,受到很多企业经营管理人员的青睐。目前,本量利模型应用广泛。

本量利模型有五大好处,如图 6-23 所示。

1. 为企业提供精准预测
2. 为企业提供最优决策
3. 为企业规划目标利润
4. 为企业进行激励和评价
5. 为企业有效控制总成本

图 6-23　本量利模型的五大好处

1. 为企业提供精准预测

使用本量利分析法不仅可以精准地预测产品的保本点，即销量需要达到多少才能保本，还可以用其精准地预测企业的利润额。

2. 为企业提供最优决策

通过本量利分析法，企业可以做出跟利润和销量相关的最优决策，比如：

（1）为了获得目标利润额，企业必须卖出多少件产品？

（2）为了扩大销售数量，企业的产品单价应该定为多少？

3. 为企业规划目标利润

通过本量利分析法，企业可以规划目标利润，估量销售单价、销售量和成本水平的变动对目标利润的影响，从而提前做好风险防范。

4. 为企业进行激励和评价

通过本量利分析法，企业可以对预算的执行情况进行业绩激励和评价。

5. 为企业有效控制总成本

通过本量利分析法，企业可以将总成本控制在理想的范围内。

五、本量利模型的分析方法

本量利模型的分析离不开以下这三件事。

1. 确定盈亏平衡点

用好本量利模型，关键点之一是要找出盈亏平衡点（BEP），即保本点。

盈亏平衡点是指贡献毛利总额等于固定成本时的销售量,如图 6-18 所示。这时,企业处于不盈不亏的状态。当企业实际销售量小于企业盈亏平衡点的销售量时,企业发生亏损;当企业实际销售量大于企业盈亏平衡点的销售量时,企业获得盈利。

盈亏平衡点有两种表现形式,如图 6-24 所示。

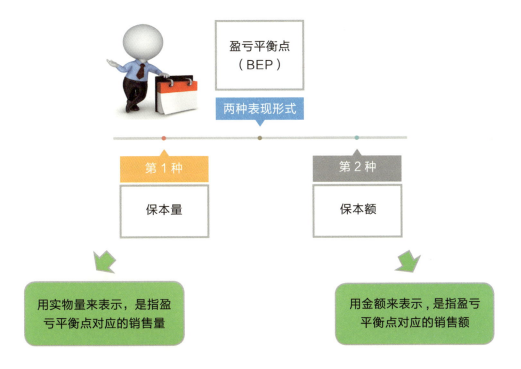

图 6-24 盈亏平衡点的两种表现形式

2.计算保本量

计算保本量需要运用计算公式,如图 6-25 所示。

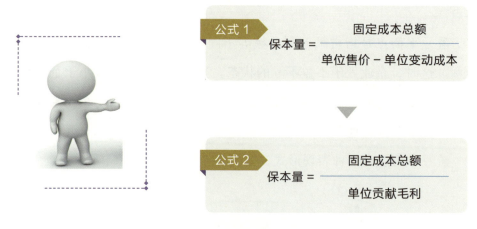

图 6-25　保本量的两种计算公式

3. 计算保本额

计算保本额需要运用计算公式，如图 6-26 所示。

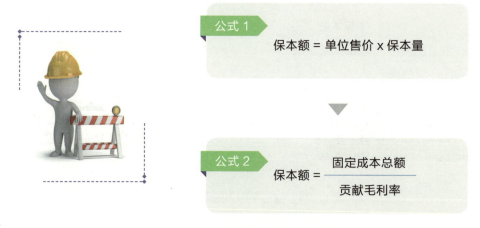

图 6-26　保本额的两种计算公式

六、本量利模型的应用案例

示例 6-4 F 公司需要卖出多少产品才能确保不亏?

示例背景

F 公司是一家生产及销售公司,其产品的单位售价为 28 元,单位变动成本为 18 元,固定成本总额为 40000 元。

疑问:为了确保不亏本,F 公司的保本销售量是多少?

为了确保 F 公司不亏本,需要用保本量的公式来计算其保本销售量。F 公司盈亏平衡点的销售量 = 固定成本总额 /(单位售价 – 单位变动成本)= 40000/(28-18)=4000(件),如图 6-27 所示。

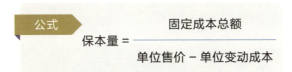

图 6-27 保本量的计算公式

因此,如果 F 公司想不亏本,至少需要卖出 4000 件产品。

附 录

附录 A

志英管理会计 42 个实战体会

实战体会 1

管理会计思维是商业社会最宝贵的财富之一,它集合了七类成功人士的思维于一身,相当于人生的"七彩阳光",是世界上最先进的思维模式之一。

来源:第 1 章

实战体会 2

侦探对待案件会追根溯源,从蛛丝马迹中寻找答案。拥有管理会计"破案思维"的人在遇到复杂问题时,会像侦探破案一样深度思考问题的起点和终点,有着挖地三尺也要找出问题真相的决心。

来源:第 1 章

实战体会 3

当今世界正在步入信息爆炸的大数据时代,拥有管理会计"数据思维"的人会像统计学家一样,挖掘和预测数据的价值,用数据来思考问题、解释现象、评价事物、预测经济前景并提出数字化解决方案。

来源:第 1 章

实战体会 4

艺术家善于运用"创新思维"进行艺术创作。"创新思维"的显著特点是突破常规思维的界限,以超常规甚至反常规的方法与视角去思考问题,提出与众不同的解决方案,从而产生新颖、独到和有社会意义的思维成果。拥有管理会计"创新思维"的人会像艺术家一样，以新颖独创的方法解决问题并获得独特的成果。

来源：第 1 章

实战体会 5

财务部门要像"狗"一样忠于职守，为公司构建稳健的财务基础和管理系统，成为公司核心价值的坚守者以及资产安全的守护者。

来源：第 1 章

实战体会 6

财务部门要像"老虎"一样具备领导力和规划能力，积极参与公司的战略制定、业务运营、公司治理以及项目管理，并建言献策，这样才能让财务部具有话语权。

来源：第 1 章

实战体会 7

当公司资源紧缺时，财务要像"狼"一样迅速出击并把资源带回来，团结一切可以团结的力量，成为企业资源的搜寻者和采集者。

来源：第 1 章

实战体会 8

财务部门不能只顾低头做事不顾抬头看路，更不能成为闷声葫芦。财务部门要像"孔雀"一样展示财务风采，对外积极传递对公司有利的信息，在资本市场树立公司的良好形象，增加投资者对公司的信任；对内积极与董事会和业务部门沟通，为其献计献策，用先进的财务管理引领企业乘风破浪。

来源：第 1 章

实战体会 9

财务部门要像"猫头鹰"一样随时随地保持警觉性,关注问题和风险点,具备风险应对之道。

来源:第 1 章

实战体会 10

财务部门处于重重的矛盾之中,要想在公司成功地推行管理改革和各项制度流程,必须要像"考拉"一样成为和平使者,巧妙地穿梭于各种矛盾之中,平衡各方面的关系,化解不断涌来的矛盾。

来源:第 1 章

实战体会 11

很多人会错误地认为管理会计是会计或财务的事,与其他人无关。但毫不夸张地讲,管理会计思维可以服务于全人类。无论你是企业管理者、创业者、投资人、普通员工还是家庭主妇,你都面临着挣钱、花钱和省钱;无论是在工作还是生活中,你都需要分析问题、解决问题、制订计划、做出决策、应对风险以及说服他人。当你面临以上情形时,管理会计思维将会派上大用场。

来源:第 1 章

实战体会 12

随着你对管理会计思维的深入了解和体验,你会惊喜地发现:它是世界上最先进的思维方式之一,用与不用它,结果完全不一样。所以,人人都需要管理会计思维,练就管理会计思维能助你脱颖而出,成为炙手可热的"四会人才"。

来源:第 1 章

实战体会 13

管理会计为决策而生、为价值而战的特点,能让决策变得轻松且高效。以管理会计拨云见日的思维方式来看待问题,可以帮你形成一整套体系化的决策思维,建立决策标准,提升决策能力,让你快速走出"选择困难综合征"。因此,人人都可以用管理会计思维来做决策。

来源:第 1 章

实战体会 14

方向正确 + 执行到位 = 好结果。管理会计的重要职能之一是"规划"功能,运用它的核心思想和方法论不仅可以确保规划方向正确、目标制定有据可依、执行措施可落地、资源运用高效合理,还可以提升个人的规划能力,把普通人变成优秀的规划能手。

来源:第 1 章

实战体会 15

决策做不好将影响个人的前途命运,管理会计的价值就在于帮你抓住关键要素,剔除不利因素的干扰,运用数字化工作做出明智决策,让你成为优秀的决策者。

来源:第 1 章

实战体会 16

规划做不好将影响个人的生活和事业。管理会计的价值就在于运用数字化工具制定科学且合理的目标,确保正确的方向、合理的资源分配以及严密的过程管控,让你成为规划高手。

来源:第 1 章

实战体会 17

无法发现问题、洞察原因,就无法制订正确的解决方案。管理会计的价值在于找到问题的原因,运用数字化工具清晰地界定问题,找到针对性的解决之策,让你成为一名优秀的问题解决者。

来源:第 1 章

实战体会 18

用管理会计思维应对风险的好处是:管理会计可以充分发挥分析、预测、控制和决策等作用。采用正确的方法权衡风险与回报、收益与成本之间的关系,通过识别风险、衡量风险以及计算损失,可以达到规避或者降低风险的目的,不让企业、家庭和个人立于危墙之下。

来源:第 1 章

实战体会 19

无法发现风险的源头,就无法制定有效的应对之策。管理会计的价值在于精准地找到风险的源头,运用数字化工具高效地识别风险、衡量风险,找到高效的应对之策,让你成为一名优秀的风险管理者。

来源:第 1 章

实战体会 20

管理会计善于用发现价值的眼光来思考事物,它是员工的老板思维、管理者的财务思维以及财会人士的管理思维。用它来看问题从不基于单一维度,而是尝试从多个不同视角分析问题,进行综合的商业判断。

来源:第 1 章

实战体会 21

将管理会计思维方式应用在企业运营管理的不同领域可以直击问题本质,找到企业盈利的秘密,管控利润的"跑、冒、滴、漏",改善员工"等、靠、要"的消极怠工状态,从源头上提升公司的核心竞争力。

来源:第 1 章

实战体会 22

经济学的魅力在于它可以解释大多数的社会现象。随着我对管理会计的深入了解以及不断地实践和总结,我深刻地体会到魅力无穷的管理会计无处不在:它既有理论,又有模型;它既是一门科学,更是一门艺术。

来源:第 1 章

实战体会 23

万事万物都是互联互通的,只要掌握了规律和方法,大到国家战略发展规划、城市战略发展规划,中到企业战略发展规划和运营管理,小到个人找工作、订计划和减肥等,都可以运用管理会计"七彩阳光"思维做分析、订计划、控风险和做决策。练就管理会计"七彩阳光"思维,江湖任你行。

来源:第 1 章

实战体会 24

人生如意,少不了"设计",规划好人生赛道是走向成功的第一步。但凡在事业上获得成功的人,都懂得做好职业生涯规划,走近路找到人生中的最佳位置。

来源:第 2 章

实战体会 25　分析环境因素对个人职业发展的有利和不利影响。只有充分掌握环境因素带来的机会与限制，才能为个人制定客观、科学的职业定位和发展路径。

来源：第 2 章

实战体会 26　方向 + 过程 = 结果。好的结果，一定来自好的规划设计、正确的定位和有效的执行管理机制。为了有效地规避职业规划过程中出现的各类问题，使用管理会计思维可以最大化地保障职业规划的科学性、有效性和严谨性。它跟常规职业规划有着本质区别。

来源：第 2 章

实战体会 27　管理会计既上得了厅堂又下得了厨房，只要掌握它的底层逻辑，每个普通人都可以用它的思维、工具和方法为个人、家庭和企业创造价值。

来源：第 2 章

实战体会 28　拥有管理会计思维，可以练就直击本质的终生思考力，像丁丁一样实现人生跃迁。正如林语堂先生所说："人生就是一场盛大的宴会，怎么赴宴是你决定的。"

来源：第 2 章

实战体会 29　工资最高 = 工作最优？答案是不一定。很多人在做决策时，都会忽略决策带来的长期结果，从而造成人生的被动。我的观点是：工资最高 ≠ 工作最优，只有最匹配的 Offer 才是最优的选择！

来源：第 3 章

实战体会 30

如果用管理会计"本量利"思维来选择 Offer，在行业前景和企业前景都没问题的基础上，"工作利润"最高的 Offer 才是最优的选择。

来源：第 3 章

实战体会 31

Offer 选择不能凭感觉，更不能拍脑袋，需要采用像管理会计这样的科学方法进行系统性分析，才能做出最优决策。

来源：第 3 章

实战体会 32

要想做出一个客观合理的决定，就需要用到管理会计思维，分析 Offer 决策要素之间的彼此关联，评估企业的行业前景和岗位价值，建立科学且明确的决策标准，制定选择 Offer 的流程，识别 Offer 的收益、成本、价值和机会成本。

来源：第 3 章

实战体会 33

在现实生活和工作中，由于很多人没有掌握充足的关键信息，没有找到有效的决策方法，没有确立清晰的决策标准，没有引入实用的决策公式和模型，没有制定高效的决策流程，导致 Offer 决策失误、职业生涯走弯路。所以，选择 Offer 前要做好充足准备，备好秘密武器。

来源：第 3 章

实战体会 34

企业前景好，意味着你每一次跳槽都会有更高的起点以及更好的身价。所以，选择正确的赛道十分重要，与前景乐观的企业一同成长如同坐上了火箭一般，保持高速前进的同时还少走了很多弯路。

来源：第 3 章

实战体会 35

决策之所以难做,是因为没有找到明确的衡量尺度和判断标准,不能为人们提供统一判断人、事和行为好坏的准则。所以,有了决策标准才能让 Offer 选择变得有据可依。

来源:第 3 章

实战体会 36

企业的战略定位决定了企业前行的目标和方向。管理会计的战略定位决定了管理会计实践的目标和方向,决定了管理会计实践过程中应该取什么、舍什么。

来源:第 4 章

实战体会 37

企业目标制定之后,需要构建一个可以保障目标落地的执行体系。正所谓"目标是银,执行是金",战略框架下的经营分析体系可以助力企业实现"由银到金"的转变。它有利于企业决策者通过总结经验,找出业务活动的内在规律,挖掘盈利潜力,以最小的风险和最佳的财务状况实现企业经济效益最大化。

来源:第 4 章

实战体会 38

以战略为导向的全面预算管理在企业管理控制体系中起着举足轻重的作用。它可以帮助管理者通盘思考企业内部和外部价值链上的价值点,充分调动各部门的积极性,确定产品的商业模式、管理模式、资本模式和市场策略,促成企业长期目标的最终实现,避免部门与部门之间、员工与员工之间的相互推诿。它是推动企业实现"稳健经营、持续发展"的重要工具之一。

来源:第 4 章

实战体会 39

凡事预则立，不预则废。在采购中要拥有战略眼光，才可能获得突破性的成果。突破性的成果需要大胆的动作，而大胆的动作来自于精密周全的计划、坚定的决心与信念。首先要分析利弊，确定愿景，明确可交付的成果，制定行动策略。其次是沟通和落实。所以，准备的过程至关重要，不图快，应图稳求实。

来源：第 4 章

实战体会 40

我们在 M 集团（中国）推行管理会计实践时，始终以战略目标和价值创造为导向，深入研究管理会计理论框架，打造"上接战略、中接业务、下接绩效"的管理会计运营体系，建立业财融合平台（信息流）、集中采购平台（物流）、共享服务平台（人流）和资金管理平台（资金流），确保信息流、物流、人流、资金流的良好运转。

来源：第 4 章

实战体会 41

工匠精神讲究的是严谨、专注、执着、精益求精和一丝不苟。管理会计专注于提升企业内部绩效，而利润是企业永续之本，融入工匠精神的管理会计可以对企业未来盈利的实现情况进行科学地预测和规划，并紧紧盯住公司内部价值链上的每一个薄弱点、空白点和盲点，确保战略目标落地，赢得永续发展。

来源：第 4 章

实战体会 42

　　企业经营的本质是为了获取持续且稳定的盈利。管理会计不同于传统的财务会计，它的核心思想始终围绕着企业赚不赚钱、如何赚钱以及赚多少钱这三个中心来提出价值主张。通过分析、评价、预测、激励和控制等手段识别企业的利润区，针对亏损和盈利差的业务、产品、项目和区域提出管理改善建议，帮助企业管理者做出科学、高效、合理的决策。

来源：第 5 章

附录 B

新理念、新方法、新模型简介

1. 新理念：管理会计"七彩阳光"思维

管理会计思维是商业社会最宝贵的财富之一，它集合了七类成功人士的思维于一身，相当于人生的"七彩阳光"，是世界上最先进的思维模式之一，如图 B-1 所示。具体内容，详见本书第 1 章第一节。

图 B-1　管理会计思维的特点（© 邹志英）

2. 新方法：用财务思维做决策

用财务思维做决策，可以做出科学且高效的决策，如表 B-1 所示。具体内容，详见本书第 1 章第一节。

表 B-1　世界 500 强企业高管使用"财务思维"做决策

序号	关注要素	要素解释	问题
1	回报	是指收入、利润、现金、投入产出比、资本回报率等有形收益，以及名誉、升职、学习与成长等无形资产等	做这件事情会给我带来多少回报？
2	付出	是指成本、费用、时间、人员数量和操作步骤	做这件事情，我需要付出多少时间、金钱和人力？
3	风险	是指损失，包括有形和无形的损失	做这件事情会有多大风险？我有没有能力控制风险，如果控制不好，预计会给我造成多大的损失？我是否有能力承受这种损失？

3. 新模型：鱼骨图

用鱼骨图分析公司销售收入下降的原因，如图 B-2 所示。具体内容，详见本书第 1 章第一节。

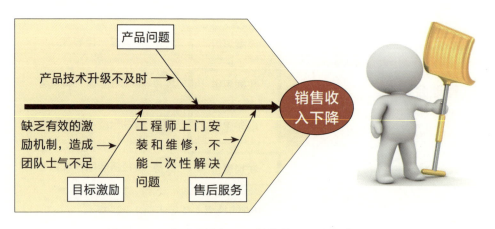

图 B-2　用鱼骨图分析公司销售收入下降的真正原因

4. 新理念：用"职场动物论"重塑部门角色

用"职场动物论"重塑财务部门的角色定位，将财务部门的角色定位为狗、老虎、狼、孔雀、猫头鹰和考拉，可以成功地助其从传统的核算型会计向决策支持型的管理会计转型，如图 B-3 所示。具体内容，详见本书第 1 章第一节。

图 B-3　职场动物论（© 邹志英）

5. 新模型："珍珠链预算管理体系"

运用"珍珠链预算管理体系"为个人设计并形成"从职业愿景到行动计划"的一盘棋职业蓝图，如图 B-4 所示。具体内容，详见本书第 2 章第四节。

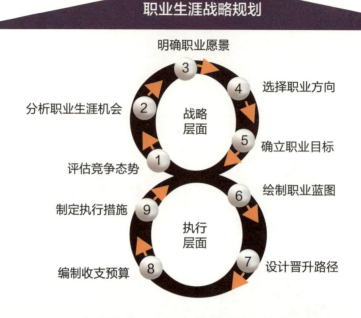

图 B-4 用"珍珠链 9 步走"规划职业生涯（© 邹志英）

6. 新模型：双重职业晋升路线图

从双保险的角度为个人绘制一张双重路径晋升图，助其实现"由低到高"的转变，这也是个人赢得职业成功的关键所在，如图 B-5 所示。具体内容，详见本书第 2 章第四节。

7. 新方法：用管理会计"本量利"思维选择 Offer

用管理会计"本量利"思维来选择 Offer，在行业前景和企业前景都没问题的基础上，"工作利润"最高的 Offer 才是最优的选择，如图 B-6 所示。具体内容，详见本书第 3 章的精彩导读。

图 B-5　个人的双重路径晋升图

图 B-6　"工作利润"公式及名词解释

8. 新模型：职业决策模型

用职业决策类型判断个人决策风格，如图 B-7 所示。具体内容，详见本书第 3 章第二节。

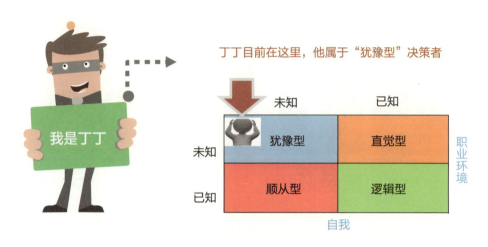

图 B-7　个人的职业决策类型

9. 新模型：冰山结构

用冰山结构识别 Offer 的本质，找出最重要的决策要素，如图 B-8 所示。具体内容，详见本书第 3 章第三节。

10. 新模型：决策尺

用决策尺的"十看"标准衡量 Offer 的好坏。决策尺的用途广泛，还可以将其应用于投资项目的分析、企业经营分析、商业模式的分析以及战略规划的制定，如表 B-2 所示。具体内容，详见本书第 3 章第三节。

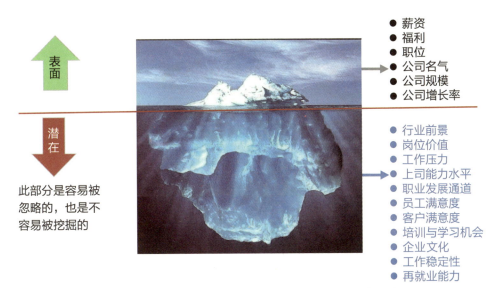

图 B-8 从"冰山结构"看 Offer 选择的全部考虑要素

表 B-2 用"决策尺"建立"十看"标准(© 邹志英)

序号	要素	选择标准
1	行业前景	(1)不选择夕阳行业 (2)优先选择朝阳行业,比如医疗医药行业、节能环保行业、能源行业和互联网行业等
2	公司前景	(1)不选择前景不好的企业 (2)好企业自带光环,所以要优先选择前景乐观的企业,比如科技含量高、商业模式吸引人、用户需求大以及服务卓越等
3	岗位价值	(1)不选边缘部门中的边缘岗位 (2)优先选择核心部门的核心岗位,以及在招聘市场受欢迎的岗位
4	职业规划匹配度	选择与职业规划方向一致、与职业发展目标契合度高的工作机会
5	岗位兴趣度	选择自己喜欢的工作,因为兴趣最容易引导人做出斐然成绩,令人前进的原动力更大

（续）

序号	要素	选择标准
6	人岗匹配度	优先选择与自己职业能力匹配的工作机会
7	升职空间	选择有升职潜力的工作机会
8	薪资福利	工资跟工作压力正相关，或者薪资涨幅在 15% 以上
9	直接上司的能力水平	选择能力强、职业化、有正义感、勇于担当的上司
10	企业文化	（1）不选山头林立、文化氛围不健康的企业 （2）优先选择学习型企业和以人为本的企业

11. 新方法：Offer 决策流程

选择 Offer 前要制定决策流程，才能开启 Offer 选择之旅。严密的决策流程，可以最大化地保障 Offer 选择的科学性和严谨性，如图 B-9 所示。具体内容，详见本书第 3 章第三节。

图 B-9　Offer 选择的决策流程（© 邹志英）

12. 新模型：利润模型决策表

用"利润模型决策表"为不同 Offer 打分，如表 B-3 所示。具体内容，详见本书第 3 章第四节。

附录 B　新理念、新方法、新模型简介

表 B-3　利润模型决策表

序号	考虑要素	所占权重	Offer 1 国有能源企业，二级子公司		Offer 2 民营节能环保公司，未上市		Offer 3 中德合资医疗器械制造商，工厂在外地	
			评分（1~5分）	加权分	评分（1~5分）	加权分	评分（1~5分）	加权分
工作回报（+分）		总分 100 分						
1	行业前景							
2	企业前景							
3	岗位价值							
4	薪资待遇							
5	成长空间							
6	人岗匹配度							
7	跟职业目标契合度							
8	上司能力水平							
9	企业文化							
10	工作稳定性							
工作回报总分								
工作付出（-分）		总分 100 分						
1	通勤时间							
2	加班时间							
3	出差时间							
4	交通成本							
5	生活成本							
6	学习成本							
工作付出总分								
工作利润总分								

13. 新模型：职业生命周期曲线图

用个人的职业生命周期曲线图判断其所处的职业阶段，据此可以抓住职业发展的关注要点，如图 B-10 所示。具体内容，详见本书第 3 章第四节。

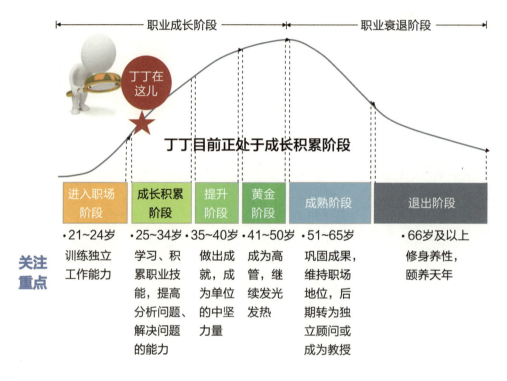

图 B-10　个人的职业生命周期曲线（© 邹志英）

14. 新模型：行业前景关注要素表

用行业前景关注要素表判断 Offer 的行业前景好坏，如表 B-4 所示。具体内容，详见本书第 3 章第四节。

表 B-4 三个 Offer 的行业前景排序

序号	行业前景关注领域	Offer 1 国有能源企业，二级子公司	Offer 2 民营节能环保公司，未上市	Offer 3 中德合资医疗器械制造商，工厂在外地
1	该行业是否属于国家在大力推广的行业？	✓	✓	✓
2	该行业是否有很大的成长空间？	✓	✓	✓
3	该行业的用户需求是否足够大？	✓	✓	✓
4	该行业过往的涨薪比例如何？	高	中等	中高
5	该行业毕业生起薪比例如何？	高	中等	中高
6	该行业是否属于夕阳行业？	✗	✗	✗
	行业前景综合排名	第一	第二	第三

15. 新模型：岗位价值关注要素表

用岗位价值关注要素表判断 Offer 的岗位价值大小，如表 B-5 所示。具体内容，详见本书第 3 章第四节。

表 B-5 三个 Offer 的岗位价值排序

序号	岗位价值关注领域	Offer 1 国有能源企业，二级子公司	Offer 2 民营节能环保公司，未上市	Offer 3 中德合资医疗器械制造商，工厂在外地
1	该工作是否属于核心岗位？	✗	✓	✓
2	该工作内容是否包含较高技术含金量？	低	较高	高
3	该工作能否让个人获得较快的成长机会与技能提升？	✗	✓	✓
4	该工作与高层领导和核心业务部门是否有较多的接触机会？	少	多	多

（续）

序号	岗位价值关注领域	Offer 1 国有能源企业，二级子公司	Offer 2 民营节能环保公司，未上市	Offer 3 中德合资医疗器械制造商，工厂在外地
5	该工作在招聘市场是否较受欢迎？	中低	中等	高
6	该工作薪资奖金上涨的空间是否较大？	低	中高	较高
7	该工作职务晋升的空间是否较大？	低	中高	高
	岗位价值综合排名	第三	第二	第一

16. 新模型：公司集中采购运营体系设计图

公司集中采购运营体系的搭建如同盖房子，如图 B-11 所示。具体内容，详见本书第 4 章第四节。

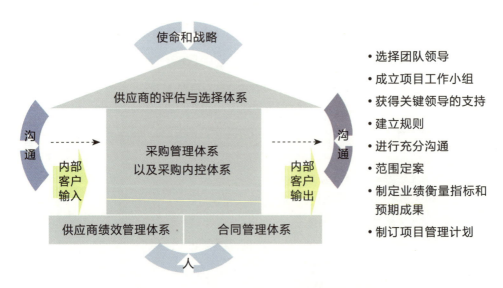

图 B-11　M 集团（中国）采购运营体系的搭建

17. 新方法：用 80/20 原则制定采购节约策略

将 80/20 原则应用到行政类的集中采购中，如图 B-12 所示。具体内容，详见本书第 4 章第四节。

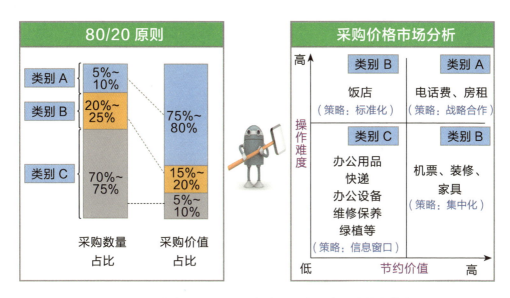

图 B-12　根据 80/20 原则制定行政类集中采购节约策略

18. 新模型：六西格玛理念

将六西格玛理念应用于采购管理，如图 B-13 所示。具体内容，详见本书第 4 章第四节。

19. 新模型：战略地图

战略地图可以应用于企业和部门的战略规划、个人规划、国家及省市的战略规划，如图 B-14 所示。具体内容，详见本书第 6 章第二节。

不同层面的关注点

1. **财务层面：**
   性价比、成本控制、利润最大化、财务风险最低化、合规性
2. **内审内控层面：**
   流程的合规化、透明化、有无监督控制机构，整个过程是否被完整地记录下来
3. **管理层面：**
   成本控制最大化，利润最大化，企业的核心竞争优势
4. **内部客户层面：**
   产品及服务的质量是否满足业务需求

如何设定

内部关注点	优先级别评分	制定供应商选择标准和权重	内部客户参与度	制定业绩衡量目标	全面沟通计划	采购政策及流程	采购过程的控制和管理	合同管理	供应商的绩效管理	供应商的关系维护	获得关键领导的支持
产品/服务的有效性	5	9	9	9	5	1	9	1	5	1	1
产品/服务的可靠性	5	9	9	9	5	1	9	1	5	1	1
服务的范围	4	5	5	5	5	1	5	5	5	9	1
服务的质量	5	9	9	9	9	1	9	5	9	9	9
服务的响应速度	4	5	5	5	9	1	9	1	9	9	9
价格水平	4	5	5	5	9	9	9	9	5	5	9
付款条件	4	5	5	5	9	9	1	9	5	5	9
业务合作伙伴	4	5	5	5	5	1	1	1	5	5	9
供应商的行为规范	4	5	5	5	5	5	5	5	1	9	1
采购风险最低化	4	5	5	5	5	5	5	1	1	1	5
合规性	5	9	9	9	9	5	9	5	1	5	9
		320	320	320	328	164	304	184	224	252	272

数字的含义：
9—强
5—中
1—弱

图 B-13　将六西格玛理念融于采购分析

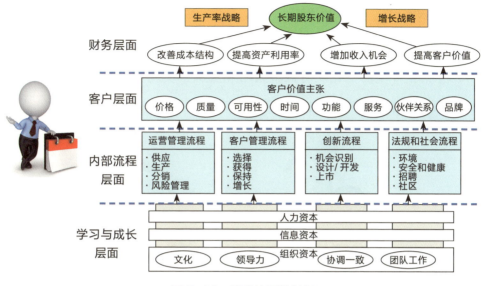

图 B-14 战略地图的长相

20. 新模型：PEST 模型

将 PEST 模型应用于个人职场环境的分析，用它客观评估职场竞争环境，实现职业生涯的螺旋式上升发展，如图 B-15 所示。具体内容，详见本书第 6 章第三节。

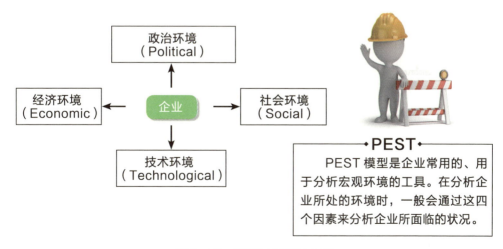

图 B-15 PEST 模型的长相

21. 新模型：SWOT 模型

SWOT 模型可以帮助企业或个人了解自身的优势、劣势、机会和威胁，并根据环境的变化及时调整策略和资源，实现发展目标，如图 B-16 所示。具体内容，详见本书第 6 章第四节。

SWOT
SWOT 是企业常用的分析宏观环境的工具。在分析企业所处的环境时，一般会通过这四个因素来分析企业所面临的状况。

图 B-16　SWOT 模型的长相

22. 新模型：本量利模型

"本"对应成本，"量"对应业务量，"利"对应利润，将它们三者之间的变量关系称为"本量利分析"。将它用于企业预测、决策、规划、控制、激励和评价中，可以有效地控制企业的总成本，为企业规划目标利润，如图 B-17 所示。具体内容，详见本书第 6 章第五节。

23. 新模型：盈亏平衡点

用盈亏平衡点的好处是可以计算保本量和保本额，如图 B-18 所示。具体内容，详见本书第 6 章第五节。

附录 B　新理念、新方法、新模型简介

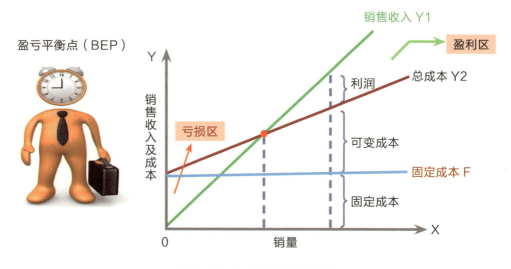

图 B-17　本量利模型的长相

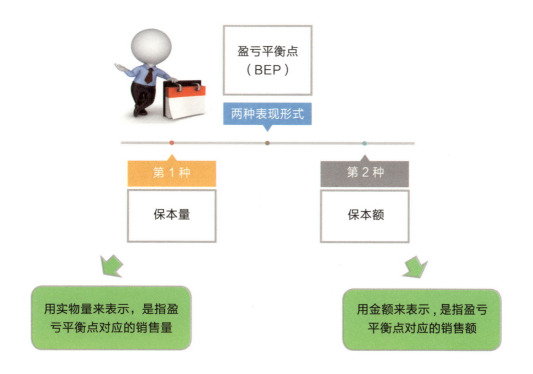

图 B-18　盈亏平衡点的两种表现形式

致 谢

今天,在家人、朋友和粉丝的支持和帮助下,本书的写作终于画上了最后一个句号。此时此刻,我最想表达的是感谢。

写作的艰辛和痛苦是常人难以想象的。为了心无旁骛地写出一部好的作品,不仅需要过着日夜兼程、黑白颠倒的混乱生活,还需要"舍"掉很多的"机会",甚至强忍着病痛的折磨。所以,我要特别感谢一路支撑我做这件"苦差事"的家人,尤其是我的父母和姐姐,没有他们的巨大包容和付出,就没有今天的我。虽然这本书,我的母亲大人再也看不到了,但是我坚信她在天国会为我加油。家人是支撑我一路前行的巨大正念。

我要特别感谢机械工业出版社副社长陈海娟女士,她的独特眼光和胸襟气度,以及她对我才华的欣赏和认可,为我在写作的黑暗中点亮了一盏明灯,每次跟她交流都会让我迸发出灵感和思想的火花。

我十分感恩、感谢机械工业出版社的策划编辑刘怡丹,她不仅给予我巨大的精神支持、建设性意见和各种鼓励,还为本书的出版付出了巨大心血。在她身上,我看到了令人尊敬的工匠精神和撸起袖子加油干的劲头。

我还要特别感谢管理会计学术界泰斗、财政部管理会计咨询专家、清华大学经管学院教授、我的良师益友和学习楷模——于增彪教授。每次跟他的"以文会友",都会启发我深度思考,使我进步。我认识于教授10多年了,他一直把管理会计当作"一个有魅力、有灵性的学科"且已深钻细研超过40年。正如他所说,管理会计是一个需要人类智慧呵护的领域,值得学者对此潜心研究并为之奋斗终生。

感谢参加过我培训的学员，他们的热情参与和积极反馈让我不断地涌现灵感，设计优化课程，充实书稿的内容。

感谢我服务过的企业家和管理者，是他们的欣赏和信任让我有机会与之一起共同拥抱管理会计实践的喜怒哀乐。他们的经历和梦想驱使我坚定理想、完成此书，以帮助更多的企业实现"实业强国"的梦想。

最后，我要感谢每一位读者购买此书，你们的阅读和鼓励是我持续写作的最大动力。

邹志英

2022 年 5 月 12 日